중국차 이야기

차례
Contents

중국차의 역사

중국차의 시작

신농, 찻잎으로 살아나다.

중국차의 시작, 혹은 구심점을 찾으면 반드시 등장하는 인물이 있다. 바로 신농(神農)이다. 신농은 중국의 전설적 제황이었던 삼황(三皇) 중 한 명으로 꼽히기도 하며 농업과 의학의 창시자로 널리 알려진 인물이기도 하다. 신농은 농기구를 만들어 백성들에게 농경을 가르치고 갖가지 약초를 연구·정리하여 후대 식물의학의 기틀을 마련하기도 했다. 뿐만 아니라 시장을 세워 백성들에게 교역을 가르치는 등 당시 경제적 측면에서도 획기적인 제도를 도입한 인물이다. 전설에 의하면 신농의 머

염제(炎帝) 신농

리에는 소와 같이 뿔이 달려있고 몸은 오장육부를 들여다 볼 수 있도록 투명했다고 한다. 물론 이것은 역사 속의 한 인물을 신격화 하면서 생겨난 이야기다. 하지만 이를 통해 우리는 신농이라는 인물이 중국의 농업과 의학에 있어 신적인 존재로 불릴 만큼 큰 업적을 남겼다는 사실을 알 수 있다. 이를 뒷받침하는 사실 중 하나가 바로 '신농'이라는 이름이다. 신농의 이름은 귀신 신(神)에 농사 농(農)을 사용하는데, 이는 '농사의 신'이라는 뜻으로 풀이된다. 즉 농업의 창시자를 뜻하는 것이다. 하지만 역사적으로 볼 때 더 중요한 사실은 이 신농의 시대부터 중국 농경사회가 정착되었다고 보는 것이며 신농을 중국 문화의 원천으로 여긴다는 것이다. 그리고 바로 이 신농이 역사상 최초로 찻잎을 발견한 인물로 알려져 있다. 신농은 어떻게 찻잎을 발견한 것일까?

신농이 찻잎을 발견한 배경에 관해서는 크게 두 가지 설이 있다. 첫 번째가 '찻잎 해독설'이다. 신농이 살던 시대에는 먹을거리가 부족하고 음식에 대한 지식도 거의 전무했다. 따라서 신농은 산천을 돌아다니며 갖가지 풀을 직접 뜯어 먹어본 후 식용과 약용의 여부를 판단했다고 한다. 그런데 이렇게 자신의 몸을 도구로 삼아 실험을 계속하던 신농이 어느 날 100가지의 풀을 먹었는데 이 중 72가지 독초에 중독되어 쓰러지고 만다.

그때 마침 우연히 바람에 날려 떨어진 나뭇잎 하나를 먹게 되었는데 그게 바로 찻잎이었다. 이 찻잎의 해독 작용으로 신농은 죽음 일보 직전에서 살아나게 되었고, 이 사건을 통해 해독 작용을 하는 하나의 약재로써 차가 민간에 알려지게 되었다고 한다.

신농의 찻잎 발견 두 번째는 새로운 효능의 발견설이다. 의사들이 거의 존재하지 않았기 때문에 당시 대부분의 병자들은 약재를 구해 끓여 마시는 방법으로 치료를 하였다. 병자 치료를 위해 신농도 자주 약재를 달였는데 평상시처럼 나무 아래에서 약재 달일 물을 끓이던 어느 날, 우연히 나뭇잎 하나가 솥으로 떨어졌다. 그런데 나뭇잎이 떨어지자 물이 연한 황색으로 변하면서 쓰고 떫은맛을 내었다. 하지만 또 뒷맛은 달달하고 정신까지 맑게 해주는 것이 아닌가! 이 일을 계기로 찻잎을 음용하게 되었다는 설이 있다.

물론 위의 두 가지 설 중 첫 번째인 '찻잎 해독설'이 훨씬 널리 알려진 이야기다. 하지만 무엇이 되었든 중국에서는 신농이 최초로 찻잎을 발견한 인물이라는 사실에 초점을 맞추고 있으며 이것이 역사적으로도 일리가 있다 보고 있다. 그러나 다른 한편에서는 신농이라는 인물이 과연 실존했던 인물인가에 대해 다양한 의견들을 내놓기도 한다. 현재까지 신농이 전설 속 인물 중 한 사람으로 불리는 이유가 여기에 있다. 물론 정말로 신농의 머리에 뿔이 달려 있거나 몸이 투명하여 오장육부를 들여다 볼 수 있지는 않았을 것이다. 하지만 신농이라는 인물이 실존했음을 증명하는 여러 역사적 자료가 존재한다.

신농이 살았다고 알려진 곳은 황하의 중상류 지역이다. 현재 이곳은 사막과 같은 환경으로 차나무가 나지 않는 곳이다. 그러나 신농이 살았던 당시 이 지역은 기후가 온화습윤해 차나무가 서식하기에 최고의 환경적 조건을 갖추고 있었던 것으로 밝혀졌다. 하지만 대부분의 학자들은 신농이 최초의 찻잎을 발견한 곳이 황하 중상류가 아닌 후난(湖南)지역이었을 것이라고 주장한다. 실제 신농은 판천 전쟁(황제 헌원과 염제 세력 간의 전쟁)을 겪으면서 백성들을 데리고 후난 염릉(炎陵)으로 피난을 갔다고 한다. 이 지역은 현재까지도 찻잎을 생산하는 곳으로 실제 이곳에서 신농에 관한 여러 역사적 자료가 등장하고 있다. 이러한 사실들로 미루어 학자들은 신농을 실존했던 인물로 보고 있으며 후난 염릉 지역에서 처음 찻잎을 발견하였을 것으로 추측하고 있다. 즉, 중국은 최초로 찻잎을 발견한 인물로 신농을 꼽고 있는 것이다. 중국의 전설 속 제황 중 한 명이었으며 농업과 의학의 창시자로 널리 알려져 있는 신농! 하지만 찻잎 발견과 관련해 신농의 이야기만 있는 것은 아니다. 그럼 또 어떤 인물이 있을까?

편작의 8만 4천 가지 약 처방, 그리고 차의 발견

중국차의 기원으로 신농을 가장 먼저 이야기하지만 편작(編鵲) 역시 차의 역사를 이야기하는 데 빠지지 않는 인물 중 한 사람이다. 편작은 장상군(長桑君)의 제자로 전국시대 주나라의 명의였다. 편작에게는 여러 가지 일화가 존재한다. 그 중 대표적인 것은 시궐(尸厥)이라는 급환을 앓고 죽어가는 괵( )나라의 태자를 치유하였다는 이야기와 제(濟)나라 환공의 안색만 보고 그 병의 원인을 파악해 치유하였다는 이야기다.

이렇게 명의로 널리 알려진 편작에게는 8만 4천 가지에 달하는 약 처방이 있었다고 한다. 그런데 이 약 처방 중 4만 가지를 제자들에게 전수할 때 즈음 편작은 경쟁자에 의해 암살을 당하고 만다. 나머지 4만 4천 가지의 약 처방을 전수하지 못하고 그만 죽음을 맞이한 것이다. 제자들은 그의 무덤 앞에서 백일 동안이나 슬퍼했는데 그곳에서 한 그루의 나무가 솟아났다고 한다. 편작의 제자들은 솟아난 나무의 잎을 따 연구를 계속했고, 그 결과 스승이 알려주지 못한 나머지 4만 4천 가지의 약 처방을 모두 배우게 되었다고 전해진다. 이때 스승의 무덤에

편작의 초상화

서 자란 나뭇잎이 바로 찻잎이다. 여기서 한 가지 흥미로운 사실은 신농의 이야기와 편작의 이야기 모두에서 차가 음료용보다는 약용으로 쓰였다는 것이다. 실제 찻잎이 막 알려지기 시작한 신농과 편작의 시대에는 야생 차나무에서 채엽(찻잎을 따는 일)을 하였다. 찻

잎을 구하는 것은 매우 어려운 일이었고, 따라서 음료로 삼기
보다는 효능을 더욱 부각시킨 약용으로 쓰인 것이다.

달마, 차를 수도용 음료로 삼다.

중국 선종(禪宗)의 창시자이자 좌선을 통한 수련을 주장했던
인물로 누구나 한번쯤 '달마(達磨)'라는 이름을 들어봤을 것이
다. 달마 역시 중국차 발견설의 한 부분을 차지하고 있는데, 6
세기 초 서역에서 당나라로 건너와 낙양을 중심으로 활동했을
당시의 이야기다. 평상시처럼 좌선 수행을 하던 어느 날 달마
는 참선 중 졸음이 몰려옴을 느꼈다. 그러자 달마는 졸음을 쫓

달마도 중 하나

기 위해 자신의 눈꺼풀
을 떼어 뒤뜰에 버렸다.
이튿날 그 자리에 가보
니 한 그루의 나무가 있
었는데, 그 나무의 잎을
따 씹어보니 머리가 맑
아지고 잠이 달아난다는
사실을 발견한 것이다.
그 나뭇잎이 바로 찻잎
이었다고 전해진다. 다소
황당한 이야기일 수 있
으나 여기서 중요한 사실
은 달마가 살던 시대부

터 이미 차를 수도용 음료로 삼기 시작했다는 것이다. 물론 역사 속 인물들에 얽힌 이야기 중에는 허무맹랑한 이야기도 더러 있다. 하지만 이러한 이야기들을 통해 차에 관한 역사적 사실 및 배경을 돌아보게 되니 이것이 역사를 알아가는 재미 중 하나가 아닐까?

당나라 차 문화의 시작

차의 신 육우와 차의 백과사전 『다경』

중국의 차 문화가 시작된 것은 당(唐)나라 시대부터다. 이후 본격적으로 차를 마시는 것이 하나의 문화로 자리 잡게 되었고 만드는 법(제다법), 마시는 법(음다법)이 체계화되기 시작했다. 그렇다면 당나라 시대에 이르러 차 문화가 정립된 특별한 이유가 있을까? 그 배경에는 육우(陸羽)의 등장과 그의 저서 『다경(茶經, Tea Classic)』이 있다.

육우는 차의 신이라는 뜻으로 다신(茶神), 차의 성인이라는 뜻으로 다성(茶聖)이라고도 불리며 중국차 역사의 한 획을 그은 인물로 알려져 있다. 육우는 세 살이라는 어린 나이에 고아가 되어 용개사(龍蓋寺)의 주지스님인 지적선사 밑에서 자라게 된다. 어린 육우는 불경 공부 이외에도 주지스님의 차 끓이는 일을 도맡아 하였는데, 육우는 이렇게 처음 차를 접하게 되었다. 그러나 절에서 자란 육우는 정작 불교보다는 유학에 매력을 느꼈고 결국 절에서 뛰쳐나오게 된다. 이후 극단의 배우로

다성(茶聖) 육우

활약하다 이제물(李濟物)이라는 인물의 도움으로 화문산에서 본격적으로 유교공부를 시작한다. 사실 육우는 얼굴도 못생기고 말더듬이었다고 전해진다. 하지만 누구보다 성실하고 다재다능해 그의 주변에는 늘 사람이 모였다. 고아 출신에다 절에서 뛰쳐나온 배경까지 있었지만 학식과 인품을 두루 갖추고 있던 육우는 다양한 사람들과 어울리며 늘 새로운 길을 개척했다. 그렇게 유교 공부를 하던 육우는 최국보(崔國輔)라는 인물을 만나 정행검덕(精行儉德)의 정신을 자신의 이상으로 삼는다. 정행검덕은 '행실이 바르고 검소한 덕을 갖춘 사람'이라는 뜻으로 후에 육우 자신의 저서인 『다경』의 기본 바탕이 되기도 한다. 육우의 생애를 가만히 살펴보면 큰 변화가 있었던 시기에 항상 영향력 있는 주요인물이 등장함을 알 수 있다. 앞서 언급한 지적선사와 이제물, 최국보 역시 그러한 인물들이다. 하지만 육우의 생애에 가장 큰 영향을 끼친 인물은 바로 교연(皎然)스님이다.

육우와 교연스님의 만남은 육우의 나이 24세 때 이루어진다. 당시 육우는 안록산의 난(당나라 중기 안녹산과 사사명 등이 일으킨 반란)이 일어나자 저장성(浙江省) 후저우(湖州)에 정착하게 된다. 이곳은 차의 명산지이자 육우에게는 제2의 고향이었다. 육우는 이곳에서 본격적으로 차 연구를 시작하는데 어린 시절 사찰에서 터득한 지식을 활용하여 체계적으로 차 연구를 해야 겠다고 결심한 것이다. 그런데 때마침 이런 육우 앞에 교연스님 이 등장한다. 교연스님은 차에 관한 지식이 매우 풍부했던 당 나라 시대의 스님이자 시승(시를 잘 짓는 승려)이었고 차인(茶人) 이기도 했다. 육우보다 13살이나 많았지만 육우와 교연스님은 나이를 초월한 우정을 끝까지 지켜갔다고 한다. 교연스님은 육 우의 『다경』 편찬에 적극적으로 힘을 실어주었고, 이를 계기로 육우는 전국 각 지방을 돌아다니며 차에 관한 자료를 수집하 고 정리하기 시작한다. 이후 육우는 14년 간 차를 연구하고 정 리하여 마침내 『다경』을 편찬하였다. 이렇게 탄생한 『다경』은 세계 최초의 차 전문서적일 뿐만 아니라 이후 차에 관한 모든 학문의 지침서가 되었다. 육우의 『다경』은 현재 각국의 언어로 번역되어 많은 차인들의 길잡이가 되어주고 있기도 하다.

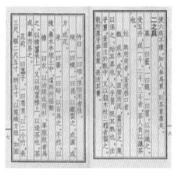

육우의 『다경』

『다경』은 총 7,000자의 글자 수, 그리고 크게 상편, 중편, 하편으로 나뉘어 있으며 10개의 장으로 구성되어 있다. 『다경』에는 차의 기원에서부터 차를 만드는 법, 차를 만드는 도구, 차를 마시는 도구, 차를 끓이는 법과 마시는 법 등이 수록되어 있으며 차의 산지와 차에 관한 문헌 자료에 이르기까지 차에 관한 거의 모든 지식이 정리되어 있다고 해도 과언이 아니다. 후대 사람들이 『다경』에 큰 의의를 두는 데는 물론 여러 가지 이유가 있다. 하지만 가장 중요한 것은 역시 정행검덕(精行儉德)이라는 철학적 사상을 바탕에 둔 세계 최초의 차 전문서적이라는 점이다. 육우는 『다경』에서 행실이 검소하고 덕망이 있는 사람이 마시기에 가장 이상적이고 도덕적인 음료로 차를 칭송하였다.

『다경』은 당대와 당대 이전의 차에 관한 과학적 지식 및 실천경험을 체계적으로 정리해 중국차 문화의 기초를 확립한 서적이다. 대략 1,200여 년 전에 쓰였지만 『다경』이 현대의 차 문화에도 영향을 끼칠 만큼 체계적으로 잘 정리된 책이라는 점은 결코 부정할 수 없는 사실인 것 같다. 다만 한 가지 짚고 넘어가야 할 것은 육우의 『다경』이 당나라 시대의 차 문화를 바탕으로 쓰인 것이어서 현대의 차 문화와 다소 동떨어진 부분이 있을 수 있다는 것이다. 하지만 차 문화의 줄기는 역시 그 시대로부터 파생되었음이 확실하며 차에 관한 여러 정보들 또한 현대와 상당 부분 일치하고 있다.

당나라 이후의 차 문화

세계로 뻗어간 송나라

'차는 당나라 시대에 흥하기 시작해 송나라 시대에 널리 퍼지게 되었다'라는 뜻으로 '茶興於唐而成於宋(차흥어당이성어송)'이라는 말이 있다. 이 문장을 통해 우리는 송나라 시대의 차 문화가 얼마나 발전하였는가를 짐작할 수 있는데, 당나라 시대의 차 문화가 귀족적 색채를 띠며 하나의 과시용으로 여겨졌다면 송나라 시대 이후에는 차 문화가 좀 더 많은 사람들에게 보편적으로 알려지기 시작했다고 할 수 있다. 여러 자료를 살펴보면 송 시대에는 궁에 있는 사람들이나 지방의 관리, 문인들도 차를 숭배하고 즐겼으며 차 마시는 것을 하나의 고급스럽고 우아한 문화로 여겼다고 전해진다. 얼핏 당나라 시대와 비슷한 이야기로 들리기도 하나 송나라는 당나라와는 다른 자신들만의 차 문화를 꽃피우기 시작했다. 차가 민간에까지 널리 퍼져 서민들도 차를 즐기게 된 것이다.

차가 대중에게까지 보급되자 이 시기부터 중국에 차 문화가 완전히 정착되기 시작했다. 뿐만 아니라 송나라 시대에 이르러서는 새로운 차를 마시는 풍습(음차풍습)이 생겨났는데 그것이 바로 '투차(鬪茶)'다. 투차는 차의 맛과 향 등을 평가하고 비교해 보는 것으로 여러 명이 각자 자신이 소장한 차를 가지고 나와 누구의 차가 품질이 더 좋고 나쁜지를 평가하는 풍습을 말한다. 이러한 풍습 덕분에 차의 품질에 대한 사람들의 관심은

송대의 투차도

날로 높아져갔다. 중국차가 발전하는 데 있어 송나라의 투차 풍습이 단단히 한몫을 한 것이다. 차를 마시는 방법에 있어서도 당대와는 다른 모습을 띠게 되었다.

당나라 시대의 차 마시는 법은 차를 끓여 마시는 자차법(煮茶法)으로 설명할 수 있다. 하지만 송나라에 이르러 점차법(点茶法)이 주를 이루게 되었다. 점차법은 우선 찻잎을 굽고 잘게 부수어 가루로 만든 후, 체에 걸러 곱게 갈린 찻잎만 모아 사용한다. 이렇게 만들어진 고운 가루를 찻잔이나 다완(차를 마실 때 사용하는 잔 또는 사발)에 넣어 끓는 물을 붓고 걸쭉한 형태로 만든다. 그리고 마지막으로 끓는 물을 다시 부어준다. 점차법은 대체로 일본의 말차(연한 찻잎을 절구로 찧어 분말 상태로 만든 전통차)를 마시는 방법과 흡사하다. 실제로 송나라의 점차법이 일본으로 건너가 말차법이 되었기 때문이다. 이렇게 송나라의 차 문화는 중국 전역으로 빠르게 확산되었다. 뿐만 아니라 세계 곳곳으로 중국차가 수출되었고, 그 결과 송나라 시대의 차 산지는 현재의 차 산지와 거의 일치하게 되었다.

명(明)과 청(靑), 현대 차 문화의 기틀을 다지다.

명나라 태조 때인 1391년, 차의 위상은 날로 높아져 차를 관리하는 관직과 차 무역을 담당하는 관직이 생겨나기 시작했다. 이를 통해 중국인의 차에 대한 인식이 얼마나 발전하였는가를 알 수 있는데, 무엇보다 당시 태조의 발표는 중국차의 역사에 큰 변화를 가져오는 요인이 되었다. 그건 바로 "단차(團茶)를 폐지하고 엽차(葉茶)를 생산한다"는 것으로 이 발표 이후 찻잎의 원형을 그대로 살리기 위한 제다법(製茶法)이 급속도로 발전하게 된다. 이러한 발전의 일환으로 이전까지 주를 이루던 증기를 이용해 차를 만드는 증청차(蒸靑茶)에서 솥을 이용해 만드는 초청차(炒靑茶)로 옮겨가기 시작한다. 차를 만들 때 증청 방식보다는 초청 방식이 찻잎의 원형을 보존하는 데 유리하기 때문이다. 하지만 증청차가 완전히 사라진 것은 아니다.

더불어 이 시기의 음차 방법도 큰 변화를 겪게 되는데, 현대의 차 마시는 방법과 같이 뜨거운 물을 찻잎에 부어 우려 마시는 방법으로 바뀌게 된 것이다. 이러한 변화로 차를 우려낸 이후에도 찻잎의 모습이 완전한 상태를 유지할 수 있게 되었고 차 본연의 맛과 향도 살릴 수 있게 되었다. 또 뜨거운 물을 부어 우려내는 다법으로 변하면서 지금 우리가 볼 수 있는 자사호(紫沙壺: 주로 발효차를 우릴 때 사용하는 그릇)나 개완(뚜껑이 있는 중국식 찻잔) 등 다구의 중요성이 높아지고 발전하게 되었다. 청나라 시대인 1610년에는 네덜란드인이 마카오에서 유럽으로 중국차를 가져가기 시작했다. 그러나 중국차가 유럽 시장으로 본격적으로 퍼지게 된 것은 강희제(청나라 제4대 황제. 재위 1661~1722) 때로 동인도 회사가 영국으로 찻잎을 운반하면서부터라고 할 수 있다. 그리고 현재 우리가 알고 있는 중국차의 모습은 청대에 이르러 형성된 것이다. 드디어 이 시기에 녹차, 백차, 황차, 청차, 홍차, 흑차로 이루어진 6대 차류가 생겨났으며 제다 기술이 비약적으로 발전하면서 비로소 '명차'라는 것이 생겨나게 되었다.

중국차의 분류

6대 차류와 가공차

중국은 제다 방법에 따라 달라지는 찻잎의 특성 차이를 기준으로 수많은 중국차를 6대 차류로 분류하여 설명하고 있다. 조금 더 엄밀히 말하면 제다 방법에 따른 발효 정도에 따라 차를 분리한 것이다. 하지만 최근 중국은 자신들의 차를 6대 차류가 아닌 7대 차류로 보고 있다.

녹차(綠茶, Green Tea)

녹차는 중국 대부분에서 생산되는 차로 중국차 생산량 중 가장 많은 부분을 차지하고 있다. 녹차는 살청(殺靑), 유념(揉

捻: 찻잎 비비기), 건조(乾燥)의 세 가지 과정을 거쳐 만들어진다. 이중 가장 중요한 과정은 살청인데, 살청은 찻잎 효소의 활동을 억제해 발효가 되는 것을 막는 과정이다. 이 살청이라는 과정을 통해 효소를 완전히 억제하여 만들어진 차가 불발효차인 녹차다.

백차(白茶, White Tea)

백차는 예로부터 열을 내리는 효과가 있어 약재로 쓰이기도 했다. 백차의 제다 과정은 위조(萎凋)와 건조(乾燥) 두 가지 뿐이다. 위조는 백차를 만드는 가장 핵심적인 제다법인데, 간단히 말해 찻잎을 시들게 만들어 찻잎의 수분을 일정 부분 증발시키는 과정을 말한다. 언뜻 보기에 매우 단순하고 쉬운 과정인 것처럼 보이나 백차에 적합한 위조와 건조를 한다는 건 결코 간단한 일이 아니다. 채엽 시기와 온도, 습도, 심지어 풍속과 시간까지 모두 고려해서 만들어야 좋은 품질의 백차가 탄생할 수 있다.

황차(黃茶, Yellow Tea)

황차는 황엽(黃葉), 황탕(黃湯)이라는 말로 특징을 설명한다. 이것은 찻잎과 차의 탕색이 모두 황색빛이라는 뜻인데 특유의 단맛과 향 덕분에 많은 이들의 사랑을 받고 있는 차다. 황차는 살청(殺青), 유념(揉捻), 민황(悶黃), 건조(乾燥)의 과정을 거쳐 탄생한다. 이중 가장 중요한 과정은 민황으로 고온 증기를 통해 찻잎에 화학변화(산화)를 일으키는 것이다. 이 과정을 거쳐야 비로소 특유의 매력을 담은 황차가 만들어 진다.

청차(靑茶, Blue Tea)

청차는 녹차의 살청 방식과 홍차의 발효 방식을 종합하여 만들어진 차다. 녹차의 향긋함을 담고 있으며 맛은 홍차와 같은 무게감을 느낄 수 있다. 청차의 경우 반발효차에 속하지만 50% 발효가 아닌 약 30~70% 정도의 폭넓은 발효도를 갖고 있어 차종이 다양하며 맛과 향 역시 매우 다채롭다. 청차는 지역에 따라 크게 복건오룡(福建烏龍)과 광동오룡(廣東烏龍), 대만오룡(臺灣烏龍)으로 나누며 복건오룡은 다시 민남(閩南)오룡과 민북(閩北)오룡으로 나눈다.

홍차(紅茶, Black Tea)

홍차는 위조(萎凋), 유념(揉捻), 발효(醱酵), 건조(乾燥)의 과정을 거쳐 탄생한다. 물론 이중 홍차의 특징을 결정짓는 가장 중요한 과정은 발효다. 발효 과정을 통해 찻잎 성분들이 생물화학적 변화를 겪고 홍색으로 바뀌게 된다. 현재 홍차는 전 세계 차 생산량 중 가장 많은 부분을 차지하고 있으며 세계 시장에서 가장 많이 사랑 받고 가장 많이 소비되고 있는 차다. 중국에서는 홍차를 복건성 지역에서 나는 소종홍차(小種紅茶)와 중국에만 존재하는 전통 방식의 공부차(功夫茶), 그리고 잘게 부수어진 형태의 홍쇄차(紅碎茶)로 분류하고 있다.

흑차(黑茶, Dark Black Tea)

흑차는 발효 과정이 나중에 등장하는 후발효차에 속한다. 흑차에서 가장 중요한 제다법은 악퇴(渥堆)라는 과정으로 단순히 보면 찻잎을 쌓아두고 습기와 열을 가하는 것에 불과하다. 하지만 많은 시간과 노력이 들 뿐 아니라 고도의 기술력이 필요한 과정이기도 하다. 흑차의 대표주자로는 운남성의 보이차가 있는데 이 밖에도 광서(廣西), 호남(湖南), 사천(四川)성 일대에서도 흑차가 생산된다. 이중 광서성의 육보차 역시 많은 이들의 사랑을 받는 대표적 흑차 중 하나다.

빠질 수 없는 가공차(加工茶)

중국차는 크게 기본차류와 가공차류로 나누는데 흔히 6대 차류인 녹차, 백차, 황차, 청차, 홍차, 흑차가 기본차류에 속한다. 그렇다면 가공차란 무엇일까? 가공차란 기본차류를 다시 한 번 재가공한 형태의 차를 말한다. 가공차에는 쟈스민으로 대표되는 화차(花茶)가 있다. 화차는 기본차류에 꽃잎의 향이 스며들도록 만든 차이므로 가공차에 속한다. 이밖에 긴압차(緊壓茶) 역시 가공차의 범주에 속한다. 긴압차는 다 만들어진 차에 증기를 쏘인 후 다시 한 번 압력을 가해 모양의 변화를 준 것으로 이 역시 가공차로 볼 수 있다.

증청녹차, 6대 차류로 발전하다.

초기 형태의 차는 모두 증기를 이용한 증청 방식의 녹차였다. 하지만 차에 대한 관심이 날로 높아지면서 제다 방식은 나날이 발전하였고 수천 년의 역사 속에서 현재 중국차의 형태를 갖추게 되었다.

홍차의 탄생

홍차가 만들어진 것은 16세기 무렵으로 청차를 만들던 중 건조에 실패하였는데 대신 발효가 진행되어 홍차가 탄생하였다는 이야기가 있다. 홍차는 백차, 홍차, 흑차 등 다양한 차종의 제다 방식이 한 단계 발전한 형태로 최초의 홍차는 복건성(福建省) 송안현(崇安縣) 동목촌(洞木村) 일대에서 생산된 정산소종(正山小種, Lapsang soucong)이다. 정산소종은 '랍상소우총'이라는 이름으로도 알려져 있다.

청차의 탄생

청차는 흔히 우롱차 또는 오룡차로 불린다. 우롱차는 중국식 발음을 그대로 옮긴 것이며 중국 한자를 한국식으로 읽었을 때는 오룡차라고 읽는다. 위에서도 언급하였듯이 청차는 홍차의 발효법과 녹차의 살청법을 사용해 탄생했다. 청차의 기원은 명조(明朝) 말에서 청조(淸朝) 초 사이로 추정하고 있다. 최초의 청차는 홍차와 마찬가지로 복건성(福建省) 무이산(武夷山)에서 생겨났는데, 후에 점차 광동(廣東)지역과 대만(臺灣)등으로 옮겨가게 되었다.

백차의 탄생

송나라의 황제였던 휘종(徽宗)은 차에 대한 사랑이 깊어 『대관차론(大觀茶論)』이라는 책을 직접 집필했다. 이 책에서 백차에 대한 기록도 볼 수 있는데 당시 백차가 얼마나 귀한 차였는지, 그리고 그 당시의 백차와 지금 우리가 알고 있는 약발효차인 백차의 모습은 다소 차이가 있음을 확인할 수 있다. 당시의 백차는 증청방식을 이용하여 만들었으며 지금과 같은 아차(芽茶)나 엽차(葉茶) 형태가 아닌 납작하게 눌린 병차(餅茶) 형태였다고 전해진다. 현재 우리가 볼 수 있는 형태의 백차는 복건성(福建省) 복정(福鼎)에서 처음 시작되었으며 후에 이것이 정화(政和)까지 넘어간 것이다. 현재 이 지역에서 만들어 지는 백차는 백호은침과 백모단, 공미, 수미 등이 있다.

황차의 탄생

황차의 역사는 오래 전으로 거슬러 올라간다. 당나라 시대에 이미 황차를 생산하였다는 역사적 기록을 찾을 수 있는데 이렇게 유구한 역사를 가진 황차는 녹차를 만들던 중 건조 부족으로 찻잎의 색과 맛, 향이 변한 것에서 착안하여 만들어진 것이다. 이러한 황차 특유의 과정을 '민황(悶黃)'이라고 한다. 찻잎을 쌓아둔 상태에서 습기와 열이 가해지면 화학변화가 일어나 황차 특유의 맛과 향이 살아나게 되는 것이다.

흑차의 탄생

당송 이후 정부에서는 변방 민족과 차마(茶馬)교역을 실시하였다. 차마교역이란 차와 말을 교환하던 무역으로 당시 변방 민족은 차를 하나의 약으로 사용했으며 생활에 없어서는 안 되는 음료로 여겼다. 동시에 전쟁에 쓰일 말이 필요했던 당송시대에는 이와 같은 무역을 적극 장려하였다. 하지만 변방까지 가는 길은 멀고도 험난했다. 당시 중국에서 생산되던 차는 증청녹차(蒸青綠茶)였는데 대나무 바구니에 차를 넣어 운반하였다. 그런데 장기간의 여정 속에서 비바람을 맞고 햇빛에 노출되면서 차는 대나무 바구니 속에서 자연스럽게 변화를 일으키게 되었고 이렇게 서서히 변해간 것이 결국 흑차가 된 것이다.

차의 이름은 어떻게 지어진 것일까?

수많은 중국차의 이름을 모두 외운다는 것은 보통 힘든 일이 아니다. 중국의 차인들조차 차에 대한 공부는 아무리 해도 끝이 없으며 차의 이름을 모두 외우는 것은 거의 불가능하다는 말을 하곤 한다. 더욱이 한자로 만들어진 차 이름을 술술 말한다는 건 우리나라 사람들에게 더욱 어려운 일일 것이다. 하지만 이렇게 어려운 차 이름도 몇 가지 간단한 원리만 이해하면 좀 더 쉽게 기억할 수 있다.

산지와 차의 이름

차의 이름을 짓는 가장 고전적인 방법 중 하나는 산지의 이름을 따는 것이다. 차 문화가 부흥하기 시작했던 당나라 시대의 차 중 양선차(陽羡茶)라는 것이 있다. 양선차는 당시 황실에 바치던 공차로 여러 역사서에 등장하는 차이기도 하다. 이 차의 이름 같은 경우가 바로 산지의 지명을 따서 지은 것이다. 즉, 당나라 시대 양선이라는 지방에서 생산된 차를 뜻하는 것이다. 하지만 현재 중국의 지명에는 양선이 없다. 양선(陽羡)은 현재 자사호(紫沙壺)라고 불리는 중국의 찻주전자가 생산되는 강소성(江蘇省) 의흥(宜興) 지방의 고대 명칭이다. 이 밖에도 신양모첨(新陽毛尖), 안길백차(安吉白茶) 등도 생산 지역의 이름과 연관이 있는 이름이다.

차의 형태와 이름

찻잎의 모양에 따라 차의 명칭을 정하기도 한다. 예를 들어 눈썹과 같이 둥그스름하게 휘어진 차에는 눈썹을 뜻하는 '미(眉)'라는 글자를 사용한다. 수미(壽眉), 공미(貢眉)와 같은 차가 이러한 경우다. 또 구불구불 구부러진 형태의 찻잎에는 소라를 의미하는 '라(螺)'자를 붙이는데 이러한 예로 벽라춘(碧螺春)이 있다. 가늘고 긴 형태의 차에는 바늘이라는 뜻을 지닌 '침(針)'자를 사용하기도 한다. 백호은침(白豪銀針)이 대표적인 침형 형태를 갖고 있는 차다. 이밖에 동그란 형태에 윤이 나면 진주를 뜻하는 '주(珠)'자를 많이 쓰고, 납작하게 눌려 해바라기씨 모양을 한 차에는 '과편(瓜片)' 등의 이름을 붙인다.

채엽 시기와 차의 이름

채엽 시기(찻잎을 따는 시기) 역시 차의 명칭을 결정짓는 또 다른 요인이다. 흔히 말하는 명전차(明前茶)와 우전차(雨前茶)가 이러한 대표적인 예이다. 이 두 가지는 24절기와 관련이 있는데 명전차의 경우 24절기 중 봄 농사를 준비하는 시기인 청명(清明), 즉 양력 4월 5일경 이전에 채엽과 제다를 마친 차를 의미한다. 또 우전차의 경우 농사비가 내린다고 하는 양력 4월 20일경인 곡우(穀雨) 전에 채엽과 제다를 마친 차를 말한다. 이밖에도 크게 춘차(春茶), 하차(夏茶), 추차(秋茶), 동차(冬茶)로 나누기도 한다. 보통 봄, 여름, 가을에 채엽을 마무리하지만 따뜻한 복건성 지역과 대만에서는 일부 겨울에 찻잎을 따기도 한다.

제다 방법과 차의 이름

녹차, 백차, 황차, 청차, 홍차, 흑차의 6대 차류는 서로 다른 제다 방법을 거쳐 만들어진다. 하지만 같은 차류 내에서도 제다 방식이 다른 경우가 있으며 이렇게 다른 제다 방식은 차의 명칭과 분류에 영향을 주기도 한다. 예를 들어 건조 방식이 숯을 이용한 홍건(烘乾) 방식이라면 그 차는 홍청차(烘青茶)라 부르고, 솥을 이용해 건조 방식을 택한 차는 초청차(炒青茶)라고 부른다. 또 햇빛을 이용한 방식으로 건조를 한다면 그것은 쇄청차(晒王茶)라 부른다. 이렇게 건조방식을 기준으로 나눈 것 이

		초청녹차
기본차류	녹차(綠茶)	홍청녹차
		쇄청녹차
		증청녹차
	백차(白茶)	백아차
		백엽차
	황차(黃茶)	황아차
		황소차
		황대차
	청차(靑茶)	민남오룡
		민북오룡
		광동오룡
		대만오룡
	홍차(紅茶)	소종홍차
		공부차
		홍쇄차
	흑차(黑茶)	운남흑차
		호남흑차
		광서흑차
		사천흑차
가공차류	가공차(加工茶)	화차
		긴압차

중국차의 종류

외에 증기로 살청(殺靑)을 한 차는 증청차(蒸靑茶)라고 한다. 뿐만 아니라 발효를 기준으로 불발효차인 녹차, 반발효차인 청차, 전발효차인 홍차 등 제다 방식의 특징을 담은 차의 명칭 역시 다양하게 존재한다.

중국차 마시기

중국의 다구(茶具)

차의 향을 머금다 – 자사호(紫沙壺)

자사호는 강소성 의흥 지방에서 생산되는 중국 고유의 차호(Teapot)다. 자사호라는 이름이 가장 널리 알려져 있지만 맹신호(孟臣壺)라는 다른 이름으로도 불린다. 자사호의 원료는 오직 강소성 의흥시에서만 생산되며 반드시 이 지역의 흙으로 만들어야 자사호라 할 수 있다. 이 지역의 흙에는 철(Fe)이 함유되어 있고 입자가 매우 고와 세밀한 묘사가 가능한 것이 특징이다. 자사호의 원료는 본래 고운 입자 형태의 모래가 아닌 돌과 같이 생긴 자사원석을 분쇄한 것이다.

자사호(紫沙壺)

자사호가 유행하기 시작한 것은 명나라 시대부터다. 앞에서 언급한 것처럼 명나라 시대 태조 주원장은 "단차(團茶)를 폐지하고 엽차(葉茶)를 생산한다"는 명령과 함께 단차의 제조를 금하였다. 이러한 단차 금지법 덕분에 중국은 당나라 시대의 주차법이나 송나라 시대의 점차법 형태가 아닌 우려 마시는 형태의 새로운 다법으로 변화를 맞게 된다. 이러한 변화는 곧 차를 우려 마실 수 있는 도구인 자사호의 발전으로 이어지게 되었다.

자사호는 차의 맛과 향을 차호에 그대로 간직한다. 또 사용하면 사용할수록 윤이 나고 보온성이 뛰어나 차의 온도 유지에도 매우 탁월하다. 자사호를 사용하는 가장 좋은 방법은 한 가지 자사호에 한 종류의 차를 우려 마시는 것이다. 자사호가 차의 맛과 향을 머금는 특징을 갖고 있기 때문이다. 또 사용을 많이 할수록 길이 들어 자사호의 매력이 더욱 발산되는데 이렇게 자사호를 길들이는 것을 '양호(養壺)'라고 부른다. 양호가 잘 된 자사호는 새 자사호보다 더 높이 평가되기도 한다. 자사호가 중국인들에게 이렇게 사랑받는 이유는 차의 맛과 향을 전반적으로 향상시켜주기 때문이다.

차의 특징을 드러내다 – 개완(蓋碗)

개완 역시 중국의 다구를 이
야기 할 때 빠지지 않고 등장하
는 이름이다. 자사호가 차의 맛
과 향을 전반적으로 향상시켜 준
다면 개완은 차의 특징을 모두
드러내 준다. 즉 차의 장점과 단
점을 전체적으로 드러나도록 하
는 것이다. 개완은 자사호에 비해
입자 밀도가 높아 맛과 향을 쉽
게 흡수하지 않는다. 따라서 다
양한 차를 우려 마시기에 적합한

개완(蓋碗)

도구다. 그래서 향이 좋은 차를 우려 마실 때는 개완을 사용하
는 것이 좋다. 개완이 차 본연의 향을 그대로 드러내주어 향을
감상하는 데 적합하기 때문이다. 개완은 주로 차를 우릴 때 사
용하지만 찻잎을 넣은 후 뜨거운 물을 부어 그대로 찻잔처럼
사용하기도 한다. 다만 개완의 특성상 차를 우릴 때 혹은 그대
로 마실 때 뜨거울 수 있으니 주의가 필요하다.

차의 맛과 향을 감상하다 – 문향배(聞香杯)와 찻잔

약침배(若琛杯) 혹은 품명배(品茗杯)라고 불리는 중국의 찻잔
은 손잡이가 없는 작은 형태를 띤다. 중국에서는 이 잔에 약
70% 정도 차를 따라 준다. 중국에는 '칠분차(七分茶), 삼분정(三

分情)'이라는 말이 있다. 잔의 70%는 차로 채우고 나머지는 정으로 채운다는 뜻으로 이것이 바로 차를 가득 채워 따르지 않는 이유다. 차를 잔에 나누어 담으면 보통 세 번에 나누어 마시는데 첫 번째는 입을 적셔주고 차의 색을 감상한다. 두 번째는 향을 감상하며 마지막은 목 넘김과 맛을 음미하는 것이다.

길쭉한 형태의 문향배는 차의 향을 감상하기 위한 도구다. 먼저 문향배에 차를 따른 후 이 차를 다시 찻잔에 옮겨 담는데 이렇게 하면 문향배에는 차의 향이 남아 그 향을 감상할 수 있고, 문향배에 있던 차는 잔으로 옮겨져 맛을 감상할 수 있다. 보통 문향배와 찻잔을 모두 사용할 때는 차탁(茶托)이라 불리는 잔 받침에 두 가지 도구를 나란히 올려 사용한다.

차의 맛과 농도를 유지해 주다 – 공도배(公道杯)

공도배는 다해(茶海)라고도 불리며 우리나라에서는 '숙우'라는 명칭으로 알려져 있다. 공도배에서 '공도(公道)'는 '공평하다'라는 뜻을 지니고 있는데 이를 통해 공도배의 쓰임새를 정확하게 알 수 있다. 공도배는 자사호나 개완에서 우린 차를 옮겨 담는데 사용하는 도구로 차의 맛과 농도를 일정하게 유지해주기 위해 사용하는 도구다. 공도배가 없을 경우 차호 속에서 차가 계속 우러나게 되어 차의 농도를 일정하게 유지시키기 어려워진다. 따라서 공도배를 사용하여 차탕을 균일하게 해주는 것이다.

찻잎을 걸러주다 – 거름망

거름망 혹은 스트레이너로 잘
알려진 이 도구는 중국에서 '다
려(茶濾)'라는 이름으로 불린다.
차를 우려 공도배에 옮겨 담을
때 사용한다. 다려는 알다시피
찻잎이 공도배 속으로 들어가지
못하도록 걸러주는 용도다. 하지
만 다려를 사용하는 또 다른 이
유는 우러난 차를 맑게 해주기

거름망

위해서다. 우러난 차가 다려를 통해 걸러지면 차탕이 맑아지는
효과를 볼 수 있다.

차를 우려 마시는 작은 공간
– 차판

중국차를 우려 마시다 보면
다구를 예열하는 과정, 그리고
세차를 하는 과정 등에서 적지
않은 물을 흘려버리게 된다. 그래
서 중국에서는 차를 우릴 때 차
판을 사용하는데 차판의 밑 부
분에는 이렇게 흘려버린 물을 담
아둘 수 있는 공간이 따로 있거

차판

나 호스를 통해 물이 빠져나가도록 되어 있다.

다도의 여섯 군자 – 기목육용(奇木六用)

기목육용은 '기이한 나무로 만든 여섯 가지 용구'라는 뜻으로 차를 마실 때 사용하는 도구를 뜻한다. 위에서 소개한 다구들이 중국차를 우려 마시기 위한 기본적인 도구였다면 이것은 중국 다예(茶藝)에 사용되는 좀 더 복잡한 도구다. 이 도구들을 모두 기목육용 혹은 다도조(茶道組), 다도육군자(茶道六君子)라고

기목육용(奇木六用)

부른다. 기목육용 안에는 차의 양을 재고 찻잎을 덜어낼 때 사용하는 차칙(茶則), 갖가지 다구를 집을 때 사용하는 차협(茶夾), 자사호 위에 얹어 찻잎이 옆으로 새어나가는 것을 방지하기 위한 차루(茶漏), 자사호에 낀 찻잎을 빼낼 때 사용하는 차침(茶針), 차를 넣을 때 혹은 다 우러난 찻잎을 빼낼 때 사용하는 차시(茶匙), 그리고 이 모든 도구를 담는 차통(茶桶)이 있다.

찻잎을 감상하다 – 다하(茶荷)

다하는 차를 우려 마실 때 마시고자 하는 찻잎을 담아두는

곳이다. 중국에 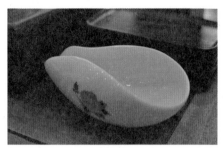 서는 건차(우리기 전 말라있는 찻잎) 를 감상하는 것 역시 차를 마시 는 과정 중 하나 로 본다. 그래서 다하에 차를 넣

다하(茶荷)

고 찻잎의 모양이나 향을 감상한다.

중국차 우려 마시기

싱그러움과 은은함, 녹차를 마시다.

녹차를 우려 마실 때는 유리잔을 사용하는 것이 좋다. 이는 녹차가 우러나는 모습을 감상하기 위해서다. 찻잎의 원형을 그 대로 유지하고 있는 녹차는 물속에 들어가면 다양한 형태로 우러난다. 어떤 차는 찻잎이 일자로 서기도 하고, 또 어떤 차는 찻잎이 모두 위로 떠올랐다 아래로 가라앉기도 한다. 차가 다 우러나면 갓 채엽한 찻잎을 닮은 찻잎 본연의 모습도 감상 할 수 있다. 이러한 모습을 감상하기 위해 녹차를 우릴 때는 유리 다구를 이용하는 것이 좋다.

녹차의 경우 보통 찻잎을 2~3g 정도 넣는다. 찻잎과 물의 비율은 1:50으로 맞추는 것이 가장 일반적이다. 그리고 3~5분

정도 우려 주는데 차가 우러나는 동안 유리잔 속에서 우러나는 찻잎의 모습을 감상하는 것이다. 녹차를 우리면서 꼭 기억해야 할 것은 물의 온도다. 약 80℃ 정도의 물을 사용해야 가장 맛있는 녹차를 우려낼 수 있다. 녹차를 우릴 때는 상투법, 중투법, 하투법 세 가지 방법 중 하나를 사용한다. 상투법은 물을 넣은 후 찻잎을 넣는 방식이며, 중투법은 물을 넣고 찻잎을 넣은 후 다시 물을 붓는 방식이다. 하투법의 경우 가장 일반적인 방식인 찻잎을 넣은 후 물을 따르는 것을 말한다.

여성스러움과 우아함, 백차와 황차를 마시다.

백차와 황차 역시 찻잎이 우러나는 모습을 감상하기 위해 유리잔 사용을 추천한다. 하지만 도자기류의 다구를 사용하는 것 역시 백차와 황차를 즐기기에 좋다. 찻잎과 물의 비율, 우리는 시간, 물의 온도 역시 녹차의 방법을 그대로 사용하면 되는데, 다만 백차의 경우 차를 한 번에 우리는 것보다 찻잎을 넣은 후 물을 1/3 가량 넣고 먼저 우려 주는 방법을 사용하는 것이 좋다. 즉 찻잎을 넣은 후 물을 1/3선까지 넣고 1분 정도 기다린 후 나머지 물을 부어 우려 마시는 것이다. 이러한 방법을 사용하면 자칫 너무 은은하게 느껴질 수 있는 백차의 매력을 훨씬 더 극명하게 드러낼 수 있다.

화려함과 고상함, 청차를 마시다.

청차 우려내는 법을 한 가지로 단정 짓기는 어렵다. 차의 특징에 따라 차를 우리는 다구나 투차량(우리는 첫잎의 양) 등이 달라질 수 있기 때문이다. 일반적으로 청차의 투차량은 자신이 우릴 다구의 30~70% 정도로 보는데 자신의 취향에 따라 차의 양을 조절하는 것이 좋다. 청차의 경우 녹차나 백차, 황차에 비해 우러나는 속도가 빠르며 우러나는 양 또한 훨씬 많다. 그래서 일정량의 첫잎으로 여러 번 우려 마셔도 처음과 같은 맛과 향을 비교적 오래 유지할 수 있다.

다양한 청차를 어떠한 다구를 이용해 우리는 것이 가장 좋은가에 관해 크게 지역별로 나누어 보기도 한다. 무이암차로 대표되는 민북오룡의 경우 자사호를 사용하는 것이 적합하다. 하지만 철관음으로 널리 알려진 민남오룡은 향을 감상하기 접합한 자기류의 다구를 이용하는 것이 좋다. 또 광동오룡의 대표주자인 봉황단총의 경우 철관음과 마찬가지로 자기류를 사용하는 것이 좋으나 자사호를 사용하는 것 또한 나쁘지 않다. 마지막으로 동방미인, 아리산 오룡 등으로 잘 알려진 대만오룡에는 자기류가 좋다. 그중 대만 지역에서 나는 다구를 사용해 우린다면 대만 오룡의 특징을 잘 살려주기 때문에 티타임의 재미를 더해줄 수 있을 것이다.

달콤한 무게감, 홍차를 마시다.

중국의 홍차를 우리는 법은 유럽의 홍차를 우리는 법과 크게 다르지 않다. 단지 다른 중국의 홍차가 내포성(차가 계속 우러날 수 있는 정도)이 더 좋기 때문에 첫잎의 양을 조절하거나 시간을 조절할 필요가 있다. 예를 들어 찻잎 3g을 넣은 후 개완이나 자사호를 사용해 3분을 우린다면 너무 진하게 우러날 수 있다. 이렇게 비교적 작은 크기의 중국 다구로 차를 우릴 때는 시간을 짧게 두고 여러 번 우리는 것이 좋으며, 홍차를 우릴 때 사용하는 티팟을 그대로 사용할 경우 일반적으로 3g의 찻잎에 300ml정도의 물을 붓고 3분을 우려주면 좋다. 단 충분히 우리고 난 후에는 찻잎을 그대로 담가두지 말고 찻잎을 빼주거나 우러난 차를 다른 곳으로 옮겨 담는 것이 좋다. 하지만 이 또한 취향의 차이가 있을 수 있으니 찻잎이나 시간을 약간씩 조정해주어도 좋다. 그런데 중국의 경우 홍차를 마실 때 미묘한 수색의 변화를 관찰하는 것을 매우 중요하게 생각한다. 그래서 유리잔에 마시는 것을 좋아하는데 흰색 바탕의 자기류 잔에 마시는 것 역시 좋은 방법이다.

부드러움과 고풍스러움, 흑차를 마시다.

흑차를 우려 마시는 도구로 가장 널리 알려져 있고, 가장 많이 사용되는 것은 의흥 지방에서 생산되는 자사호다. 자사호는 흑차의 맛을 한결 부드럽게 해주고 자칫 너무 묵직하게 느껴질 수 있는 무게감을 한층 가뿐하게 해주는 데 적합한 다구다. 하지만 크고 거친 느낌이 나는 도자기류를 사용하여 흑차를 우려도 차의 맛을 즐기기에 좋다. 흑차를 우려 마실 때는 뜨거운 물을 이용해 차를 빠르게 우린 후 바로 따라버리는 세차(洗茶)라는 과정을 거치는 것이 좋다. 본래 세차는 찻잎의 맛과 향이 조화를 이루며 잘 우러날 수 있도록 차를 깨워주는 과정인데 오랜 세월을 두고 보관하면서 마시는 흑차의 경우, 보관 과정에서 발생할 수 있는 먼지를 씻어주기 위해 세차를 하기도 한다.

꽃밭에 앉아있는 듯한 느낌, 화차를 마시다.

화차는 가공차류의 대표라 할 수 있으며 그중 전 세계적으로 널리 알려진 것은 쟈스민이다. 화차를 우려 마시는 가장 좋은 방법은 개완을 이용해 우리는 것이다. 녹차와 백차, 황차, 청차, 홍차, 흑차와 같은 다른 기본차류에 비해 화차는 차의 향이 강렬하게 느껴지는 경우가 많아 찻잎과 물의 비율을 1:75 정도로 맞추어도 충분히 향긋하고 맛있는 차를 즐길 수 있다.

중국차를 맛있게 우려 마시는 기본법

중국차의 종류는 수없이 많고 이렇게 다양한 종류의 차를 우려내는 방법 또한 수없이 많다. 하지만 이렇게 셀 수 없이 많은 중국차도 우려내는 기본방법만 기억해 두면 쉽고 간편하게 맛있는 차를 즐길 수 있다.

첫 번째로 차를 우릴 다구를 준비한다. 만약 차에 가장 적합한 다구를 이용해 우려내고 싶다면 위에서 언급했던 내용을 참고하면 된다. 하지만 모든 여건을 다 갖출 필요는 없다. 자신이 갖고 있는 다구는 무엇이든 사용해도 좋다.

두 번째는 예열이다. 차호(티팟)와 공도배, 찻잔에 뜨거운 물을 넣어 충분히 예열을 해준다. 예열을 통해 다구의 온도를 높이면 그 열기가 차의 향을 더욱 살아나게 돕는다. 또 차를 우리는 시간을 전반적으로 단축시켜 주며 본격적으로 차를 우리기 전에 다구를 청결하게 할 수 있다.

세 번째는 찻잎을 넣고 본격적으로 차를 우리는 과정이다. 차의 종류에 따라 찻잎을 나중에 넣는 경우도 있지만 대부분 차를 먼저 넣은 후 뜨거운 물을 붓는다. 그런데 많은 중국인들은 차를 우리기 전 찻잎에 뜨거운 물을 부어 바로 따라내는 세차(洗茶)의 과정을 거친다. 흑차의 경우 이 세차 과정을 반드시 거치지만 다른 차는 일반적으로 생략해도 괜찮다. 다만 향의 감상이 중요한 부분인 청차의 경우 세차를 해주면 차의 향을 훨씬 더 잘 살릴 수 있다.

네 번째, 차호 위에 뜨거운 물을 부어준다. 이 과정은 자사호를 이용해 차를 우릴 때 많이 사용하는 과정이다. 이렇게 자사호 위에 뜨거운 물을 부어주면 자사호의 외부 온도도 함께 높아져 차의 온도를 일정하게 유지시킬 수 있다. 하지만 개완이나 일반 도자기 차호에는 이 과정을 생략하는 것이 일반적이다.

다섯 번째, 우러난 차를 공도배에 옮긴다. 적은 양의 찻잎으로 많은 양의 차가 우러나는 중국차의 특성상 우린 차를 이렇게 옮겨주어야 계속해서 차가 우러나고 쓰거나 떫게 변하는 것을 방지할 수 있다. 공도배에 차를 옮긴 후엔 공도배에 담긴 차를 다시 잔에 따라준다. 이때 앞서 이야기한 것처럼 잔의 70% 정도를 채워주는 것이 좋다.

마지막으로 차를 마시는 과정이다. 차를 마실 때는 세 단계

용 어	설 명
건차(乾茶)	우리기 전, 말라있는 상태의 찻잎
엽저(葉底)	우러나고 난 후의 찻잎
수색(水色), 탕색(湯色)	우러난 차의 색
세차(洗茶)	차의 맛과 향을 깨워주고 씻어주는 과정
포차(泡茶)	차를 우리는 모든 행위
고삽미(苦澁味)	쓰고 떫은 맛
내포성(耐泡性)	차가 얼마나 많은 양이 우러나는가에 대한 정도

중국차와 관련된 기본용어

로 나누어 마시는데 먼저 차의 수색을 감상하고 두 번째는 향을 맡으며 마지막으로 차의 맛을 감상한다. 물론 매번 차를 마시면서 이와 같이 세 번에 나누어 마시지는 않는다. 이러한 순서와 방법은 획일적으로 정해진 것이 아니다. 중국에서 차를 마시는 기본적인 에티켓 또는 하나의 문화로 생각하면 될 것 같다.

중국차, 그리고 티타임

아침 – 중국차로 하루를 시작하다.

용정차(龍井茶)

1959년에 중국은 10대 명차를 선정했다. 그중 첫 번째로 꼽힌 차가 바로 서호용정(西湖龍井)이다. 이 차는 절강성(浙江省) 항주(杭州) 서호(西湖) 일대에서 생산되는 차로 '녹차의 황후'라 불리며 중국을 대표하는 녹차로 꼽는다.

용정차를 마실 때는 특히 다음의 네 가지에 초점을 맞춰 감상한다. 첫 번째는 찻잎의 색이다. 찻잎을 살펴보면 윤기가 흐르면서 납작하게 눌려있는 형태로 흔히 비취와 같은 녹색을 띤다고 한다. 용정차만의 빛나는 비취빛 녹색은 이 차를 더욱 아

용정차(龍井茶)의 건차

름답게 느껴지게 만드는 요소다. 두 번째 포인트는 고소함과 싱그러움이 그대로 느껴지는 향이다. 중국인들은 고소한 느낌의 녹차를 매우 좋아하는데 용정차가 바로 그러한 느낌의 차다. 다른 녹차에 비해 다소 향이 진하지만 절대 과하지 않다는 느낌을 준다. 용정차는 이러한 향 때문에 중국인뿐만 아니라 많은 이들에게 사랑을 받고 있다.

세 번째 포인트는 부드럽게 전해지는 맛이다. 용정차의 향은 멀리서도 느낄 수 있을 만큼 진하지만 의외로 고소한 느낌의 부드러움과 살짝 올라오는 단맛을 갖고 있다. 마지막 네 번째는 예쁘게 피어나면서 우러나는 찻잎이다. 용정차의 건차는 앞에서 이야기한 것처럼 납작하게 눌려있는 형태다. 하지만 이렇게 투박해 보이는 차가 물속에 들어가면 송이를 이루면서 퍼지게 된다. 또 찻잎들이 잔의 윗부분으로 올라가 일자 형태로 서는 모습을 감상할 수 있다. 이 역시 용정차를 마시는 즐거움 중 하나라고 할 수 있다. 용정차를 즐기는 이러한 네 가지 포인트를 통틀어 사절(四絶)이라 부른다.

용정차는 여러 등급으로 나뉘는데 다양한 명칭을 붙여 등급을 표시한다. 과거에는 사(獅), 용(龍), 운(云), 호(虎), 매(梅)로 등급을 나누었다. 이중 최고 등급은 '사'로 용정사봉(龍井獅峰) 일대에서 생산되는 찻잎으로 만든 차를 말한다. 나머지 등급 역시 찻잎 생산지를 기준으로 나누어 놓은 것이며 현재도 이렇게 생산지역을 기준으로 만든 등급을 사용한다. 다만 과거와 같이 다섯 등급으로 나누는 것이 아니라 '사봉용정'과 '매오용정', '서호용정' 이렇게 세 등급으로 나눈다. 이중 '사봉용정'이 최고의 품질로 평가받는다.

현재 용정차가 생산되는 지역을 방문해 보면 여덟 그루의 용정차 나무가 보호받고 있는 모습을 볼 수 있다. 이 나무를 '어차수'라 부르는데 황제에게 벼슬을 받은 나무라는 뜻이다. 차나무가 벼슬을 받게 된 것은 청나라 건륭제와 관련이 있다. 기록에 의하면 건륭제가 서호 일대에 방문했을 때 차를 대접 받았는데 그 차가 바로 용정차였다고 한다. 건륭제는 용정차를 마시고 크게 감동해 차나무에 벼슬을 내렸고 이 여덟 그루의 차나무는 그때부터 지금까지 보호를 받고 있다. 중국의 역사 자료를 살펴보면 강희제와 그의 손자인 건륭제에 얽힌 중국차 이야기가 많이 등장한다. 두 황제의 차 사랑이 얼마나 지극했는가를 짐작할 수 있는 대목이라 하겠다.

이렇게 황제의 마음까지 빼앗을 만한 매력을 갖고 있는 용정차는 아침에 마시기 좋은 차다. 용정차는 잠을 깨워주고 머리를 맑게 해주는 효과가 있다. 뿐만 아니라 기분을 상쾌하게 해주는 효과까지 있어 하루를 시작하는 아침에 즐기는 모닝티로 적극 추천하는 차다.

벽라춘(碧螺春)

벽라춘 역시 중국을 대표하는 10대 명차 중 하나다. 벽라춘은 용정차와 함께 솥을 이용해 건조하는 초청 방식의 대표적인 녹차이기도 하다. 벽라춘의 생산지는 강소성(江蘇省) 소주(蘇州)의 동정산(洞庭山)으로 춘분(春分: 양력 3월 20일경)에서 곡우(穀雨: 양력 4월 20일경) 사이에 나는 아주 어린잎을 사용해 만드는 고급 녹차다. 이 중 청명(淸明: 양력 4월 4일경) 전 동정산에서 나는 찻잎으로 만든 차를 '동정 벽라춘'이라 부르며 이를 최고 등급의 벽라춘으로 인정한다.

벽라춘에 관해 이야기하면서 반드시 빠지지 않는 것이 향에 관한 이야기다. 흔히 벽라춘의 향을 과일과 꽃에 비유하는데 실제 벽라춘을 마셔보면 일반적으로 마시는 녹차보다 꽤 화려한 느낌이 난다는 것을 알 수 있다. 과일과 꽃나무 사이에서 자란 벽라춘의 차나무가 주변의 향을 빨아들였기 때문이다. 이렇게 달콤하고 향긋한 벽라춘의 향은 크게 명성을 떨쳐 아주 오래 전부터 사람들 사이에서 이야기되고 있다.

먼저 벽라춘의 옛 이름을 보자. 벽라춘의 옛 이름은 '하살인향(嚇煞人香)'이다. '사람을 놀라게 해 죽게 할

벽라춘(碧螺春)의 건차

만한 향'이라는 뜻이다. 벽라춘의 향이 그만큼 향기롭다는 뜻
일 것이다. 그런데 '하살인향'이라는 이름이 '벽라춘'으로 바뀌
게 된 것은 청나라 시대의 황제 강희제와 관련이 있다. 강희제
가 강남지역을 둘러보던 중 동정산에 들러 이 차를 맛보게 되
었는데 차를 맛보고 크게 기뻐하며 차의 이름을 물어보았다고
한다. 하지만 차의 이름이 '하살인향'이라는 것을 알게 되자 황
제는 차와 이름이 서로 맞지 않는다 하여 새로 이름을 지어주
었다. 그게 바로 '벽라춘'이다. 강희제가 지어준 벽라춘이라는
이름은 이중적 의미를 갖고 있다. 하나는 동정산 벽라봉에서
생산되는 차라는 의미이고 다른 하나는 소라를 뜻하는 '라(螺)'
자를 사용해 구불구불 말려있는 찻잎의 모습을 형상화 한 것
이다. 강희제가 지어준 이름, 벽라춘은 현재까지도 계속 사용
되고 있다.

벽라춘의 건차 모양은 솜털이 가득하고 아주 어린잎들이
구불구불 말려있는 형태다. 100g의 벽라춘을 만들기 위해 약
8,000~15,000개의 찻잎이 필요하다고 하니 상당히 어린잎을
사용하고 있음을 짐작할 수 있다. 이렇게 어린잎으로 만든 차
는 잠을 깨우고 눈을 맑게 해주는 데 탁월한 효과가 있다. 그래
서 아침 혹은 점심식사 후 식곤증이 밀려올 때 마시기 좋은 차
가 된다.

곽산황아(霍山黃芽)

안휘성(安徽省) 곽산(霍山)에서 나는 황아차(黃芽茶)라는 의미

의 곽산황아는 당나라 때부터 있던 역사적 명차다. 그러나 이러한 곽산황아는 근대에 이르러 생산이 중단되는 위기를 겪기도 했다. 사라질 위기에 처해 있던 곽산황아는 1971년에 이르러 복원이 성공해 재생산 될 수 있었고, 현재는 중국에서 가장 사랑받는 황차 중 하나가 되었다.

곽산황아는 기본차류 중 약발효차인 황차에 속하는 차로 '민황(悶黃: 습기가 남아 있는 찻잎을 균의 힘으로 천천히 발효시키는 과정)'이라는 특수한 과정을 거친다. 이를 통해 곽산황아에는 특유의 달콤한 맛과 향이 배어들게 되며 찻잎 또한 황금빛을 띠게 된다. 그런데 곽산황아의 특이한 점은 건차 상태에서는 달콤한 향을 풍기지만 엽저(다 우러난 후의 잎)의 냄새를 맡아보면 삶은 밤 향기가 난다는 것이다. 그리고 차를 마셔보면 녹차와 비슷한 느낌이 감도는 것 같지만 녹차보다 달콤하고 무게감이 느껴진다. 이렇게 여러 매력을 동시에 갖고 있는 곽산황아의 찻잎은 흔히 참새의 혀에 비유된다. 그래서 곽산황아를 두고 참새의 혀를 뜻하는 말로 '작설(雀舌)'이라 표현하기도 한다.

곽산황아는 정신을 맑게 해주고 피로 회복에 좋은 차로 알려져 있다. 그러므로 모닝티에 적합한 차라고 할 수 있다. 아침에 일어났는데 속이 쓰리다면 녹차류의 차보다는 황차인 곽산황아를 추천한다.

쟈스민(茉莉花茶)

쟈스민 혹은 모리화차, 말리화차 등으로 불리는 이 차는 중

쟈스민의 건차

국의 대표적인 가공차 중 하나다. 가공차는 앞에서 이야기한 것처럼 기본차류를 재가공한 형태의 차를 말한다. 쟈스민을 예로 들어 조금 더 자세히 설명하면 우선 찻잎을 깔고 그 위에 쟈스민 꽃을 얹는 형식으로 겹겹이 쌓아 찻잎이 꽃잎의 향을 빨아들이게 하는 것이다. 이와 같은 과정을 여러 차례 반복 한 후 꽃잎을 걷어내면 비로소 차가 완성되는데 쟈스민차를 만들 때는 베이스로 녹차를 사용하는 것이 가장 일반적이다. 하지만 홍차나 백차 등을 사용하기도 한다.

쟈스민은 형태에 따라 크게 세 종류로 분류하는데 첫 번째는 건차 상태의 찻잎 모습을 그대로 유지하고 있는 쟈스민이다. 이와 같은 형태의 쟈스민은 시중에서 가장 쉽게 찾아 볼 수 있으며 가장 유명한 것은 복건성의 복정대백종인 백호은침으로 만든 쟈스민왕(茉莉茶王, 말리차왕)이다. 쟈스민왕은 쟈스민 중에서도 가장 좋은 품질에 속하는 고급차로 많은 사랑을 받고 있는데 사실 향을 맡아보기 전까지 쟈스민차와 기본차류를 육안으로 구분하기는 어렵다.

두 번째는 '진주 쟈스민'으로 불리는 말리용단주(茉莉龍團珠)

쟈스민 공예차

라는 차다. 이 역시 고급 쟈스민에 속하는 차로 생김새가 진주와 같다고 하여 붙여진 이름이다. 세 번째는 공예차라고 불리는 차로 꽃을 피우는 차다. 이 차는 엄지와 검지를 둥글게 만들었을 때 정도의 크기로 꽃봉오리와 같은 모양을 하고 있다. 공예차는 찻잎을 손으로 엮은 후 꽃잎을 넣어 만들었는데 물속에 들어가면 찻잎이 우러나면서 안에 있는 꽃잎이 피어나도록 만들어졌다.

화려한 향과 모습을 지닌 쟈스민 역시 모닝티로 적합하다. 특히 녹차로 만든 종류는 아침에 마시기 적합하며 백호은침으로 만든 쟈스민왕은 여름철 더위를 식히는 음료로 적극 추천할 만하다.

점심 – 몸과 마음을 가볍게 하다.

철관음(鐵觀音)

철관음은 복건성(福建省) 안계현(安溪縣)에서 생산되는 민남오룡의 대표주자로 중국 10대 명차 중 하나이며 중국인들의 무한한 사랑을 받고 있는 명실상부한 중국의 대표차다. 철관음의 건차를 살펴보면 진한 초록빛으로 동그랗게 말려 있는데 건차의 색과 우러난 차의 수색 모두 초록빛이어서 흔히 녹차로 오해를 많이 한다. 심지어 철관음은 보관법 또한 녹차와 같은 냉장보관을 요한다. 하지만 철관음은 녹차가 아닌 청차에 속하는 오룡차 계열이다. 은은한 듯 부드러운 맛에 향긋하고 화려한 향은 사람들의 마음을 단번에 사로잡기 좋다. 철관음의 이러한 향을 흔히 '칠포유여향(七泡有余香)'이라는 말로 표현하는데 '일곱 번을 우려도 여전히 향기가 남아있다'는 뜻으로 철관음의 향이 얼마나 오래 머무는지를 알 수 있다.

철관음 중에서도 봄철 철관음과 가을 철관음이 사람들의 많은 사랑을 받는데 봄철 철관음은 맛이 풍부하고 부드러운 편이며 가을 철관음은 향이 화려하고 오래 우러나는 것이 특징이다. 이 두 가지 중에서 중국인들은 가을 철관음을 더 선호하는 편인데 취향에 따라 봄 철관음 역시 선호하는 이들이 적지 않다.

철관음의 건차

철관음의 향을 더욱 잘 감상하기 위해 차를 우려 마실 때에는 주로 개완을 사용하며 문향배라는 도구를 이용한다. 이와 같은 다구를 사용하면 철관음의 세 가지 향기를 정확히 느낄 수 있다. 철관음의 향은 열문(熱聞)과 온문(溫聞), 냉문(冷聞)으로 나누는데 열문은 뜨거웠을 때의 향, 온문은 약간 식었을 때의 향, 냉문은 완전히 차가워졌을 때의 향을 뜻한다. 각기 다른 이 세 가지 향이야말로 철관음의 가장 중요한 감상 포인트라 할 수 있다. 그렇다면 철관음의 또 다른 감상 포인트는 무엇일까? 그건 바로 우러나는 찻잎이다. 철관음의 찻잎은 작게 말려있는 형태지만 우리는 동안 차츰 찻잎이 펴져 몇 배로 불어나게 된다. 이 또한 철관음을 마시는 즐거움 중 하나로 볼 수 있다.

숙취해소와 노화방지에 탁월한 효과가 있는 철관음은 특히 점심시간에 마시면 좋은 차로 자칫 나른해 질 수 있는 오후에 몸의 리듬을 살려주는 효과가 있으며 철관음의 향은 처진 기분을 다시 올려주기도 한다.

봉황단총(鳳凰單叢)

광동성(廣東省) 지역의 대표적인 청차인 봉황단총은 최근 고급차로 불리며 많은 이들의 관심과 사랑을 받고 있는 차다. 봉황단총은 봉황산 일대에서 생산되는데 이곳은 오룡차의 발원지로도 널리 알려진 곳이다.

봉황단총의 건차는 약간 불그스름한 빛을 띠며 가늘고 길쭉한 형태다. 수색은 오렌지 빛에 가까운데 종류에 따라 약간의 차이가 날 수 있다. 또 우러난 잎을 살펴보면 녹색 빛을 띠며 가장자리가 붉은 것이 특징이다. 이는 봉황단총을 만드는 과정에서 자연스럽게 생겨난 현상이다. 하지만 최근 봉황단총 특유의 향긋함을 더욱 살리기 위해 현대적으로 만든 봉황단총에서

봉황단총의 건차

는 이러한 특징
이 잘 드러나지
않을 수도 있다.
봉황단총의 유
래는 송나라 시
대로 거슬러 올
라간다. 봉황산
의 산민(山民)이

홍인(鴻茵)이라는 야생 차나무를 발견하였는데 이 차나무에서
나는 찻잎이 너무 향기롭고 달콤해 차를 만들어 팔게 되었다.
이렇게 만들어진 차가 점차 인기를 얻게 되자 조취차(鳥嘴茶: 새
부리차)로 개량되어 더 많은 품종이 탄생하게 되었고 이것이 다
시 꾸준히 발전해 봉황수선(鳳凰水仙)으로 개량되었다. 이렇게
탄생한 봉황수선 중 가장 품질이 우수한 차를 봉황단총이라고
부른다. 즉 봉황단총은 구체적인 차 이름이 아니라 봉황수선
중 품질이 뛰어난 차의 총칭이라고 보면 된다.

봉황단총은 다시 여러 가지 기준으로 나눌 수 있는데 시중
에서 비교적 쉽게 만나볼 수 있는 차로 밀란향(密蘭香)과 황지
향(黃枝香) 등이 있다. 이러한 차들은 완성된 차의 향기를 기준
으로 나눈 차다. 이렇게 완성된 차의 향기로 나누어진 봉황단
총만 해도 종류가 80여종에 이르며 이 향은 모두 인공적으로
만들어진 향이 아닌 천연향이다.

여러 가지 맛과 향을 지닌 봉황단총은 보이차와 함께 음식

문화가 발달한 광동 지역에서 특히 큰 사랑을 받고 있는데 그 이유는 보이차와 봉황단총이 그 어떤 차보다 느끼함을 해소하는 데 좋기 때문이다. 하지만 봉황단총은 만드는 법이 매우 까다롭고 생산량이 적은 편이어서 비교적 높은 가격에 거래되는 차다. 그러나 특유의 달콤한 향이 기분을 좋게 만들어 주고 다이어트와 피부미용에 효과가 있어 수많은 여성들의 마음을 사로잡고 있는 차이기도 하다. 하지만 주의할 점이 하나 있는데 봉황단총은 그 어떤 차보다 찻잎이 민감한 편이어서 차를 우려 마실 때 찻잎을 최대한 살살 다뤄야 한다. 그래야 봉황단총 본연의 맛과 향을 느낄 수 있다.

백모단(白牡丹)

1922년에 탄생한 백모단은 복건성(福建省)의 정화(政和), 송계(松溪), 복정(福鼎) 지역에서 생산되는 백차의 일종이다. 백차는 싹으로 이루어진 백아차(白芽茶)와 잎으로 이루어진 백엽차(白葉茶)로 나뉘는데 백아차의 대표적인 차로는 백호은침(白豪銀針)이 있고 백모단은 백엽차에 속한다. 백모단은 녹색 찻잎 사이에 백호가 나있으며 가운데 흰색 솜털로 이루어진 싹이 나 있는 형태다. 특히 백모단은 우러난 잎이 모란꽃을 닮았는데 백모단이라는 이름도 여기에서 유래되었다.

백모단에서는 은은한 맛에 꽃과 같은 향기를 느낄 수 있는데 강렬하게 다가오기 보다는 마시면 마실수록 향기가 입 안 가득 남아 서서히 백모단에 빠져들게 된다. 백모단은 열을 낮추어 주는 효능을 지니고 있어 한낮의 열기를 식히기 적합한 차다. 또 스트레스와 긴장감을 완화시켜주는 효능도 있어 점심시간에 마시면 이런저런 스트레스에서 벗어나 한 템포 쉬어갈 수 있는 여유를 준다. 그러나 백모단을 우릴 때는 한 가지를 기억해두어야 한다. 보통 백차는 낮은 온도의 물에서 우리는 것이 일반적인데 백모단의 경우 100℃의 물에서 우려주어야 차가 지닌 매력을 모두 발산할 수 있다.

동방미인(東方美人)

영국 빅토리아 여왕이 차를 마신 후 '동방의 미인과 같다'라는 표현을 남겨 널리 알려진 동방미인은 대만을 대표하는 차 중 하나다. 동방미인은 본래 백호오룡(白毫烏龍)이라 불렸는데 빅토리아 여왕의 이야기가 널리 퍼지면서 동방미인이라 불리게 되었다.

동방미인은 무이산(武夷山) 일대의 차를 대만으로 가져와 대만식으로 재배하는 데 성공해 만들어진 것이라는 이야기가 있다. 차나무를 원료로 만들어진 동방미인은 붉은색과 녹색, 황색, 흰색, 갈색의 다섯 가지 색이 조화를 이루고 있다. 차를 우려 마셔보면 홍차와 같은 맛이 강하게 들면서 동시에 청차 특유의 향기를 머금고 있다는 느낌을 받는다. 청차에서 이렇게 홍차의 맛이 나는 이유는 발효도와 관련이 있다. 동방미인의 발효도는 매우 높은 편이다. 동방미인의 경우 보통 60% 정도 발효를 시켜 만들지만 때에 따라 75~80% 정도의 높은 발효를 하기도 한다. 청차의 발효도가 30~70%, 홍차의 발효도가 80% 이상인 것을 감안했을 때 매우 높은 수준의 발효를 하고 있음을 알 수 있다. 즉 청차인 동방미인이 홍차급 발효를 거치기 때문에 이와 같은 맛과 향을 낼 수 있는 것이다. 동방미인이 많은 사람들의 사랑을 받는 것은 이렇게 홍차와 청차가 뒤섞인 듯한 신비한 맛과 향 때문이기도 하지만 또 다른 이유도 있다. 바로 유기농이기 때문이다.

요즘 많은 차들이 유기농으로 재배되고 있지만 동방미인의 경우는 반드시 유기농일 수밖에 없는 차다. 동방미인이 탄생하기 위해서는 '부진자(浮塵子)'라는 벌레가 꼭 필요하기 때문이다. 부진자는 농약에 매우 약해 농약에 노출되면 바로 죽고 만다. 그래서 동방미인을 만드는 찻잎에는 농약을 뿌릴 수가 없다. 그렇다 보니 다른 차에 비해 재배하는 과정이 까다롭고 생산량 역시 적을 수밖에 없다. 동방미인의 가격이 비싼 것도 다 이러한 배경 때문이다.

물속에서 송이를 이루는 동방미인의 모습을 감상하기 위해 동방미인을 마실 때는 유리다구를 사용하는 것이 좋다. 또 100℃보다 약간 낮은 온도의 물에서 우려 마시면 차의 맛과 향을 훨씬 더 잘 살릴 수 있다. 적당한 무게감에 향긋함이 더해진 동방미인 한 잔이면 점심시간의 티타임을 더욱 풍요롭게 만들어 줄 것이다.

늦은 오후 – 저녁 맞을 준비를 하다.

수선(水仙)

본래 수선은 차의 이름이 아니고 차나무의 품종을 일컫는 말이다. 물론 이 수선 품종이 어느 지역에서 자라는가에 따라 차의 특징 또한 달라진다. 이중 민북수선(閩北水仙), 민남수선(閩南水仙), 봉황수선(鳳凰水仙)이 대표적이다.

민북수선은 복건성 무이산 일대인 민북 지역에서 자라는 수선품종을 원료로 하여 민북오룡을 만드는 방식으로 만든 차를 말한다. 민북수선은 위의 세 가지 품종 중 가장 널리 알려진 것으로 일반적으로 그냥 '수선'이라고 불리기도 한다. 따라서 사람들이 흔히 말하는 수선은 바로 민북수선을 가리키는 말이다. 민남수선은 복건성 영춘(永春) 지역에서 나는 품종이다. 이 지역의 수선을 원료로 해서 민남오룡을 만드는 방식으로 만들어진 차가 민남수선이다. 마지막으로 봉황수선은 광동성 요평(饒平)과 조안(潮安) 일대의 봉황산에서 나는 품종이다. 이 봉황수선 중 가장 우수한 품종을 따로 묶어 '봉황단총'이라 부른다.

민북수선의 이름에는 재미있는 이야기가 얽혀있다. 복건성의 한 사찰 옆에 한 그루의 큰 나무가 있었는데 이 나무는 사찰의 담 때문에 이상한 모양으로 자라있었다. 그런데 그곳을 지나던 한 사람이 나무를 발견하고 독특하다는 생각이 들어 그 나무를 꺾어 자신의 집으로 가져가 키웠다고 한다. 의외로 나무는 너무나 아름답게 자랐고 이 나무에서 자란 잎은 향이 매우 좋은 차가 되었다고 전해진다. 그래서 민북어로 '아름답다'는 뜻의 '수(水)'자를 붙여 나무 이름을 수선이라 부르게 되었다고 한다.

민북수선은 길쭉하고 곧게 뻗은 형태의 찻잎으로 봉황단총의 찻잎과 생김새가 비슷하지만 훨씬 거칠고 굵은 느낌이 드는 편이다. 그리고 다 우러난 찻잎인 엽저를 살펴보면 어두운 초록빛을 띠며 윤기가 흐르는데 이러한 모습을 두고 옛 사람들은 개구리 다리 같다고 말하기도 하였다.

'오렌지 빛의 탕색, 진한 난꽃의 향기'로 표현되는 수선의 향긋함은 많은 사람들에게 매력적으로 다가간다. 다소 무게감이 느껴지지만 무엇보다 여성스러운 느낌이 물씬 풍기는 수선은 늦은 오후 즈음 긴장감을 풀고 편안한 저녁을 맞기에 안성맞춤인 차다.

정산소종(正山小種)

세계 최초의 홍차이자 얼그레이를 탄생시킨 차! 그게 바로 '랍상소우총'으로 잘 알려진 정산소종이다. 정산소종은 무이산(武夷山) 숭안현(崇安縣) 동목촌(桐木村) 일대에서 생겨난 최초의 홍차로 전 세계 각국에서 사랑을 받는 중국의 홍차다. 정산소종은 특유의 송연향(松烟香)을 지니고 있는데 이는 젖은 소나무를 태운 연기로 찻잎을 건조시키는 과정에서 자연스럽게 배어들어간 향이다. 소나무를 이용한 건조 방식은 우연히 발견되었다.

청나라 시대, 동목촌 일대로 군사들이 쳐들어오자 이곳에서 차를 만들던 농민들은 채엽한 차를 그대로 쌓아둔 채 급히 피신을 하게 되었다. 군사들은 이 찻잎 위에 천을 깔고 생활을 하였는데 그들이 돌아간 후 차농들이 돌아와 찻잎을 보니 이미 발효가 되어 검게 변해 있었다. 찻잎을 그냥 버리기 아까웠던 차농은 소나무를 태워 차를 건조하고 헐값에 내다 팔았는데 의외로 선풍적인 인기를 끌자 이 지역에서는 계속 이 방식을 이용해 차를 생산하게 된 것이다. 이렇게 탄생한 정산소종의 스모키한 향은 유럽인들의 마음을 단숨에 사로잡았다. 그래서 널리 수출도 되었는데 바로 이 정산소종을 모방해 만들어진 차가 얼그레이다. 지금도 종종 얼그레이의 베이스로 정산소종의 찻잎을 사용하기도 한다. 그러나 정산소종의 진정한 매력은 3년 후쯤부터 느낄 수 있다. 약 3년 정도의 시간이 지나면 정산소종에 배어있던 송연향이 빠지면서 과일향이 느껴지게 되고 단맛이 더 강하게 돌기 시작한다.

정산소종은 영양소가 매우 풍부한 차로 알려져 있다. 늦은 오후, 피로를 풀고 다시 활기를 찾게 해줄 차로 적극 권할 만하다.

의흥홍차(宜興紅茶)

의흥홍차는 의흥 지방에서 나는 홍차를 뜻한다. 그래서 의흥의 옛 지명인 양선(陽羨)이라는 명칭을 따서 양선차라고도 불린다. 이 지역은 '중국의 티팟'이라 할 수 있는 자사호의 고장이

의흥홍차의 건차

며 아주 오래 전부터 차를 재배한 역사적인 차 산지다. 양선에서 생산되던 차와 관련한 내용은 중국의 역사와 관련된 자료들을 통해 쉽게 찾아볼 수 있다.

양선이라 불리던 강소성(江蘇省) 의흥(宜興) 지방은 본래 녹차가 주로 생산되던 지역이었다. 하지만 근대에 들어와 이 지역에서 나는 찻잎을 이용해 만든 홍차가 탄생하였는데 그게 바로 의흥홍차다. 주로 봄에 나는 아주 어린 싹만 채엽해 만든 차로 찻잎에서 금색 빛의 솜털도 볼 수 있다.

특히 의흥홍차는 자사호 작가들이 사랑하는 차로 잘 알려져 있다. 실제로 자사호 작가들이 너무 사랑한 나머지 많은 양의 차를 한 번에 사두고 마시는 바람에 시중에서 유통되기 힘들 정도라고 한다. 도대체 어떤 매력을 갖고 있기에 이렇게 인기를 끄는 것일까? 의흥홍차의 매력은 무엇보다 그 맛에 있다. 의흥홍차에서는 고구마의 맛을 살짝 담은 것 같은 달콤함과 녹차와 같은 풋풋함을 동시에 느낄 수 있다. 또 약간 스파이시(spicy)한 느낌의 향은 의흥홍차의 최고 매력 중 하나다.

잘 알려진 것처럼 의흥은 자사호로 유명한 곳이다. 사실 자사호에 가려 이곳 의흥에서 생산되는 홍차는 많은 이들에게 알려져 있지는 않다. 하지만 자신만의 독특한 색깔을 갖고 있으며 상당히 훌륭한 맛과 향을 내고 있음은 분명하다. 늦은 저녁 살짝 기분을 설레게 만들면서 활기를 불어넣어 줄 최고의 차가 될 것이다.

전홍(滇紅)

전홍의 '전(滇)'이라는 글자는 운남성을 뜻하는 별칭이다. 그래서 전홍을 '운남홍차'라고도 부른다. 조금 더 정확히 말하면 전홍은 운남홍차의 통칭이라 할 수 있다.

전홍은 1939년 운남성(雲南省) 봉경현(鳳慶縣)에서 탄생한 홍차다. 역사가 그리 길지 않지만 보이차와 함께 운남 지역의 대표적인 차로 굳건히 자리매김하는 데 성공했다. 뿐만 아니라 전홍이 탄생했던 1939년 15톤이나 되는 엄청난 양의 전홍이 영국으로 수출되었고, 이후 전홍은 꾸준한 사랑을 받으며 국제 시장에서도 자리를 잡게 되었다. 현재 전홍은 중국인들이 가장 사랑하는 홍차이자 중국의 고급 홍차로 인식되어 날로 명성을 떨치고 있다.

전홍의 건차

전홍은 운남 지역의 대엽종 찻잎

으로 만들어진 홍차인데 금색 솜털인 금호가 가장 눈에 띠며 부드러운 것 같지만 강한 과일향이 나는 것이 특징이다. 차를 우려 마시면 그 어떤 차보다 무게감이 느껴지며 목 넘김이 매우 부드러움을 느낄 수 있다. 뿐만 아니라 단맛이 강하게 돌며 차를 마시고 난 후 입 안에 오랜 시간 단맛과 향이 남는다. 하지만 전홍은 자칫 잘못 우리면 쓰고 떫은맛이 강하게 날 수 있다. 따라서 비교적 낮은 위치에서 물을 따라주어 은근히 차를 우리는 것이 좋다.

콜레스테롤 수치를 낮춰 주고 공해로 인한 피부 트러블에 효과적인 차로 알려진 전홍은 늦은 오후에 마시기 좋은 차다. 무게감과 부드러움을 동시에 갖춘 전홍으로 편안한 티타임을 가져보는 것은 어떨까?

저녁 – 편안하게 하루를 마무리하다.

대홍포(大紅袍)

'차의 왕', '무이암차(중국 북건성 무이산에서 나는 차의 통칭)의 최고봉'이라 불리는 대홍포는 당나라 이전부터 생산되기 시작해 송나라 때는 황제에게 올리는 진상품이 되었다. 뿐만 아니라 원나라 때는 황제에게 올리기 위한 대홍포를 생산하기 위해 무이산에 차원과 공장을 따로 설립하기도 하였다고 한다. 오래 전부터 널리 알려진 대홍포는 복건성(福建省) 무이산의 구용과(九龍窠 고암 절벽에서 자라는 차나무의 찻잎)를 원료로 하여 만들어진다.

또 대홍포는 무이암차를 대표하는 '4대 명총(名叢)'의 하나
인데 이외에도 수금귀(水金龜)와 백계관(白溪冠), 철라한(鐵羅漢)
이 4대 명총으로 꼽힌다. 하지만 구용과에서 자라는 대홍포 나
무의 찻잎으로 만든 진정한 의미의 대홍포는 현재 더 이상 구
할 수 없는 상태다. 대홍포 차나무는 오직 여섯 그루뿐인데 지
금은 국가의 보호를 받고 있어 채엽이 금지되었기 때문이다. 하
지만 무성생식을 통해 생겨난 차나무에서 채엽한 것을 원료로
만든 대홍포, 그리고 다른 무이암차와 블렌딩 하여 만들어진
대홍포는 여전히 존재한다.

여섯 그루의 대홍포 모차수(母茶樹)가 있는 곳에 가면 1927
년 천심사의 스님이 바위에 붉은색으로 크게 대홍포(大紅袍)라
고 조각해 놓은 것을 볼 수 있다. 천심사의 스님은 왜 이곳에
글씨를 남긴 것일까? 그것은 대홍포의 전설이 천심사와 관련이
있기 때문이다.

중국 청조 시대, 어느 유능한 젊은이가 과거를 보러 가던 중

대홍포 모차수

무이산에 이르
렀을 때 갑자기
복통을 느끼고
쓰러지게 되었
다. 다행히 천심
사라는 절의 스
님이 젊은이를
발견하여 사찰

로 데리고 갔다. 그리고 바위 절벽에 매달린 차나무에서 찻잎을 따다 젊은이에게 우려 먹였다고 한다. 그랬더니 잠시 후 쓰러져 있던 젊은이가 깨어났고, 덕분에 젊은이는 무사히 과거를 치른 후 장원까지 하게 되었다. 후에 이 젊은이가 궁에 들어가 벼슬을 얻게 되었는데, 당시 황후가 원인 불명의 복통을 호소하였다. 어떠한 약으로도 치료가 되지 않자 젊은이는 천심사의 스님에게서 받은 차를 황후에게 바쳤고, 그 차를 우려 마신 황후는 말끔히 낫게 되었다. 이 소식을 들은 황제는 젊은이를 불러 붉은 천을 하사한 후 바위 절벽에 자라고 있는 그 차나무를 잘 보호하라는 명을 내렸다. 명을 받은 젊은이는 즉시 무이산으로 돌아가 차나무에 붉은 천을 씌워주었는데 그 이후 차나무의 이름이 커다란 붉은색 천을 뜻하는 '대홍포'가 된 것이다. 젊은이는 훗날 천심사의 정지 스님이 되었는데 스님의 사리탑은 아직까지 이곳에 있다고 한다.

전설을 통해서도 알 수 있듯 대홍포 최고의 효능은 속을 안정시키는 것이다. 또 심신을 안정시키는 효과가 탁월해 하루를 마무리하는 저녁 시간에 즐기면 가장 좋다. 차분하게 하루를 마무리하고 싶다면 대홍포로 티타임을 가져볼 것을 추천한다.

육계(肉桂)

육계 역시 복건성 무이산 바위 절벽에서 자라는 찻잎으로 만든 무이암차 중 하나다. 육계에 대한 기록은 청나라 시대 장형(蔣衡)이라는 인물이 쓴 『차가(茶歌)』에서도 찾아볼 수 있는

데, 여기서 육계는 품질이 좋은 강렬한 느낌의 차로 소개되기도 하였다.

육계 역시 앞서 이야기한 수선처럼 '육계'라는 우수한 차나무 품종의 찻잎을 이용해 무이암차의 제작 방식으로 만들어진 차를 뜻한다. 1940년대 초부터 무이산 다원에서 재배되는 10가지 품종 중 하나이며 가장 독특하고 고급스러운 느낌을 주는 향을 가진 차로 사람들에게 인식되어 있다. 현재는 무이암차를 이야기할 때 결코 빼뜨릴 수 없는 대표적인 차가 되어 점점 더 많은 이들에게 인기를 얻고 있다.

육계를 마셔보면 확실히 다른 차에 비해 진하면서도 무게감이 있고 단맛이 강하다는 느낌을 받게 된다. 하지만 뒷맛이 깔

재배 중인 육계(肉桂)

끔해 전혀 부담스럽지도 않다. 특히 이 차를 마시면 그 어떠한 차보다 심신이 안정되는 느낌이 들면서 차분해지게 되는데, 실제로 육계는 심신 안정의 효과가 크며 소화를 시켜주는 효능까지 탁월하다. 따라서 늦은 시간 하루를 마무리하는 차로 육계 역시 제격이다.

보이차(普洱茶)

보이차는 운남성(雲南省) 지역의 대표적인 차를 넘어 이제는 중국을 대표하는 차가 됐다. 최근 보이차는 세계 각국으로 퍼지면서 많은 마니아를 형성하고 있으며 성장 속도 또한 빠르다. 하지만 보이차가 이렇게 세상에 등장한 것은 최근의 일이 아니다.

보이차는 차나무의 발원지 중 하나로 알려진 운남성 지역에서 생산되는 차로 유구한 역사를 지닌 차 중 하나다. 이미 3,000여 년 전부터 운남성 일대에서는 차를 재배하기 시작하였는데, 당시 이렇게 재배된 차는 꾸준히 발전을 거듭하였고 그 결과 당나라 시대에 이르러 본격적으로 '보이차'가 세상에 모습을 드러내었다. 대규모 재배와 생산도 이즈음 시작되었다. 또 송(宋)과 명(明)조 시기에는 이미 보이차가 대외무역에 있어 매우 중요한 상품 중 하나로 자리매김하고 있었다.

보이차는 크게 생차(生茶)라고도 불리는 청병(靑餠)과 숙차(熟茶)로 나뉜다. 생차는 악퇴(渥堆: 찻잎을 고온다습한 장소에 놓고 균의 활동으로 발효시키는 방법)라는 과정을 거치지 않은 상태, 즉 발효가 일어나지 않은 상태의 차를 의미한다. 하지만 시간이 지나면서 서서히 자연 발효를 거치는데 약 10년 정도의 시

운남에서 생산된 보이차(普洱茶)

간이 지나면 가장 마시기 좋은 차로 변하게 된다. 반면 숙차는 단시간 내에 10년 정도 된 생차와 같이 오래된 차의 맛과 품질을 내기 위해 인공발효 과정을 거친다. 즉, 악퇴 과정을 거친 차를 말한다. 일정시간을 거쳐 발효가 되어 익은 생차도 숙차라고 할 수 있다. 다시 말해 숙차란 발효가 되어 익은 차를 말하는 것이다.

이렇게 생차와 숙차로 보이차를 구분 짓는 것은 차를 만드는 법인 제다 방법의 특성을 기준으로 분류한 것이다. 하지만 보이차는 이러한 기준 외에도 다양한 기준을 통해 분류하기도 한다. 예를 들어 보이차의 외형을 기준으로 분류할 경우 다음과 같이 구분되는데 일반적으로 가장 널리 알려진 동그랗고 납작한 형태의 병차(餅茶), 네모난 모양의 벽돌과 같이 생긴 차는 전차(磚茶), 버섯처럼 생긴 타차(陀茶), 그리고 가장 일반적인 잎차 형태의 산차(散茶)가 있다. 이 밖에도 차나무의 형태에 따라 야생에서 자라는 큰 나무에서 나는 찻잎으로 만든 교목차(喬木茶)와 재배형인 대지차(臺地茶)로 나누기도 하며, 보관법에 따라 온도와 습도가 알맞은 환경에서 보관되어 정상 발효를 거친 건창차(乾倉茶), 온도와 습도가 높은 곳에서 발효가 촉진된 습창차(濕倉茶)로 분류하기도 한다.

보이차는 와인과 비슷해 시간에 비례해 맛과 향이 무르익게 되면서 진가를 발휘한다. 잘 발효된 보이차는 온화한 성질로 누가 언제 어디에서 마셔도 좋은 차다. 뿐만 아니라 지방분해에 매우 효과적이고 각종 성인병 예방에도 탁월한 효능을 가진 것으로 알려져 있다. 특히 보이차는 늦은 저녁 가족들과 함께 하는 티타임에 적극 추천한다. 남녀노소 누구에게나 잘 어울리므로 보이차와 함께 한다면 저녁 티타임이 훨씬 따뜻하고 부드러워질 것이다.

기문홍차(祁門紅茶)

안휘성(安徽省) 기문현(祁門縣)에서 생산되는 차의 명성은 당나라 시대부터 인정을 받았다. 기문홍차는 바로 이곳에서 생산되는 차로 중국의 전통 공부차(功夫茶: 규칙을 정해서 하는 차 다루기) 중 하나다. 본래 이곳은 녹차 생산지였으나 1875년 이후 기문홍차가 탄생하면서 본격적으로 홍차가 생산되기 시작했다.

또 기문홍차는 중국을 대표하는 10대 명차 중 하나로 인도의 다즐링, 스리랑카의 우바와 함께 세계 3대 홍차 반열에도 이름이 올라가 있다. 기문홍차가 세계 속에 이름을 떨칠 수 있었던 것은 1915년 미국에서 열린 '파나마국제박람회'에서 금상을 수상하게 되면서부터다. 당시 기문홍차만의 특이한 향은 서양인들의 마음을 단번에 사로잡아 순식간에 세계로 퍼져나갔는데, 이때 서양인의 마음을 사로잡은 기문홍차 특유의 향을 일컬어 '기문향'이라고 부른다.

사람들은 기문홍차의 향을 과일향, 꿀과 같은 달콤한 향, 혹은 사과향, 캬라멜 향, 난꽃향 등으로 다양하게 표현한다. 이렇게 기문홍차의 향을 가지각색의 언어로 표현한 것은 이 차의 향을 한마디로 정의내리기 어렵기 때문이다. 그래서 결국 기문홍차만의 특색 있는 향이라는 뜻으로 '기문향'이라 부르게 된 것이다. 실제 기문홍차를 마셔보면 화사한 꽃과 같은 향에 달콤한 향이 함께 어우러지는 것을 느낄 수 있다. 하지만 최근에는 훈연(燻煙)향이라 불리는 건조 과정에서 자연스럽게 배어들어간 연기 냄새를 기문홍차의 대표적인 향으로 인식해 진짜 '기문향'은 조금씩 잊히는 듯하다. 그러나 입안에 오랫동안 머물러 있는 향긋함과 달콤함은 여전히 기문홍차만의 매력을 말해주고 있다.

기문홍차의 또 다른 매력은 저녁에 마시기 적합한 차라는 것이다. 일반적으로 홍차의 카페인 함량은 다른 차에 비해 높은 것으로 알려져 있으나 기문홍차는 카페인 함량이 매우 낮아 저녁에 마셔도 무리가 없다. 특히 우유를 섞어 밀크티로 마시면 기문홍차 특유의 단맛을 확실히 느낄 수 있으며 숙면에 도움을 줄 수도 있다.

차의 이름	분류	산지
서호용정(西湖龍井)	녹차	절강성(浙江省) 항주(杭州) 서호(西湖)
동정벽라춘(洞庭碧螺春)	녹차	강소성(江蘇省) 소주(蘇州) 동정산(洞庭山)
황산모봉(黃山毛峰)	녹차	안휘성(安徽省) 황산(黃山)
여산운무(廬山雲霧)	녹차	강서성(江西省) 여산(廬山)
육안과편(六安瓜片)	녹차	안휘성(安徽省) 육안(六安), 금채(金寨)
군산은침(君山銀針)	황차	호남성(湖南省) 악양(岳陽)
신양모첨(信陽毛尖)	녹차	하남성(河南省) 신양(信陽)
무이암차(武夷岩茶)	청차	복건성(福建省) 무이산(武夷山)
안계철관음(安溪鐵觀音)	청차	복건성(福建省) 안계현(安溪縣)
기문홍차(祁門紅茶)	홍차	안휘성(安徽省) 기문현(祁門縣)

중국의 10대 명차

나만의 색깔, 나만의 중국차

새로운 스타일의 중국차

쟈스민, 핫초코로 변신하다.

중국차를 핫초코로 만들어 마시는 방법은 손쉽고 빠르게 나만의 음료를 만들 수 있는 좋은 방법 중 하나다. 시중에서 판매 중인 핫초코 분말과 향이 강한 중국차만 가지고 있다면 언제 어디서든 만들 수 있으며 이렇게 만들어진 핫초코는 출출하거나 기분전환이 필요한 순간 활력소가 되어줄 것이다.

그런데 중국차를 이용해 핫초코를 만들 때 한 가지 유의할 점이 있는데 앞서 이야기한 것처럼 향이 강한 차를 이용해야 한다는 것이다. 예를 들어 쟈스민이나 봉황단총과 같이 화려하고 짙은 향을 갖고 있는 차는 핫초코로 만들어도 본연의 향이 살아있어 달콤하면서도 향긋한 느낌의 음료가 될 수 있다. 또 중국차로 진한 밀크티를 만든 후 코코아 분말을 더해주면 훨씬 부드러운 느낌의 핫초코가 된다.

쟈스민 핫초코

[재료]

핫초코 분말, 중국차 3~4g, 뜨거운 물 250ml

[만드는 법]

1) 찻잎에 뜨거운 물을 붓고 3분 이상 진하게 우린다.
2) 우러난 차에 코코아 분말을 넣어준다.

봉황단총, 밀크티로 변신하다.

홍차를 이용해 밀크티를 만드는 게 일반적이지만 중국차를 이용해 밀크티를 만드는 것 또한 독특하고 맛있는 밀크티를 만드는 방법이다. 밀크티에 어울리는 중국차에는 기문과 정산소종(랍상소우총), 전홍 등의 홍차류가 있고 향이 강한 쟈스민이나 봉황단총 등도 좋다. 하지만 이렇게 향과 맛이 달콤하고 화려한 차만 밀크티에 적합한 건 아니다. 대홍포와 같은 무이암차,

쿠키와 함께 하는 밀크티

보이차 등도 부드럽고 기품 있는 밀크티로 변신할 수 있다. 또 철관음을 좋아하는 분들에게는 철관음을 이용해 밀크티를 만들어 보는 것을 추천한다. 차의 맛이 강렬하게 느껴지지는 않지만 우유의 고소함 속에 은은하게 느껴지는 특유의 향이 있어 마시면 마실수록 그 매력을 느낄 수 있을 것이다.

[재료]
중국차 3~4g, 우유 250~260ml

[만드는 법]
1) 찬 우유를 밀크팟에 넣고 살짝 끓어오를 때까지 끓인다.
2) 데워진 우유에 찻잎을 넣고 저어주면서 다시 끓인다.

3) 우유가 완전히 끓기 직전 불을 끄고 1분 정도 더 우려 준다.

4) 거름망을 사용해 찻잎을 걸러낸 후 잔에 옮겨 담는다.

보이차, 차갑게 다가오다.

날씨가 더운 날, 뜨거운 차보다는 시원한 음료를 마시고 싶을 때가 많다. 그럴 때 차를 시원하게 우려 마시면 그 어떤 음료보다 갈증 해소에 좋다. 차를 시원하게 마시는 방법에는 크게 두 가지가 있다.

첫 번째는 찬물에 바로 우리는 것이다. 차가운 물에 찻잎을 넣고 하루 정도 냉장보관을 하는 방법으로 이렇게 차를 우려 마시면 차의 쓰고 떫은맛이 드러나지 않아 차의 향을 훨씬 진하게 즐길 수 있는 장점이 있다. 또 카페인도 우러나지 않는다.

아이스(Ice) 보이차

하지만 찻잎 속에 들어있는 여러 가지 유익한 영양성분 중 비교적 높은 온도에서만 용출되는 것들이 있어 찬물에 우리는 방법으로는 이러한 성분들을 얻어낼 수 없다는 단점도 있다.

차를 시원하게 마시는 두 번째 방법은 흔히 '급냉법'이라 부른다. 우선 뜨거운 물을 이용해 차를 진하게 우린 후, 얼음을 넣어 차의 온도를 낮추어 준다. 어느 정도 식으면 찬물을 함께 섞어 마시면 된다. 이렇게 하면 앞의 방법보다 빠른 시간 안에 시원한 차를 만들 수 있고, 영양성분을 그대로 우릴 수 있다는 장점도 있다. 하지만 시간조절이나 물의 양 조절에 실패할 경우 쓰거나 떫은 느낌이 날 수 있어 차 본연의 매력을 제대로 느끼지 못할 수도 있다.

물론 모든 차는 이렇게 시원한 음료로 만들어 마실 수 있다. 무더운 여름철, 그중에서도 보이차를 이렇게 시원하게 만들어 물처럼 마신다면 갈증도 해소하고 효과적으로 다이어트까지 할 수 있다.

무이암차, 커피와 만나다.

차를 좋아하지 않는 사람에게 무작정 차를 권하기는 힘들다. 이럴 때 중국차를 이용해 커피 음료를 만들면 좋다. 가장 간단한 방법은 집에서 커피메이커를 이용해 커피를 추출한 후, 차와 함께 섞어서 마시는 것이다. 취향에 따라 커피와 차의 비율을 조정해주면 마시는 사람에게 딱 맞는 음료를 만들 수 있다.

중국차 중에서 커피와 가장 잘 어울리는 것은 보이숙차, 봉황단총, 쟈스민이다. 이 세 가지의 차로는 모든 연령대가 공감할 수 있는 커피 음료를 만들 수 있다. 하지만 비가 오는 날이나 마음을 가라앉힐 필요가 있는 날, 부모님과의 티타임에는 무이암차를 이용해 커피음료를 만들어 볼 것을 추천한다. 무이암차를 이용하면 동서양의 매력을 동시에 느낄 수 있다. 여기에 시나몬 스틱이 있다면 무이암차를 이용한 커피 음료에 곁들이는 것도 좋다. 훨씬 맛있는 음료가 될 수 있다.

중국차, 쿠키로 변신하다.

봉황단총 브라우니 쿠키

봉황단총의 찻잎을 그대로 맛보면 향긋하면서도 약간 쌉쌀한 맛이 난다. 그런데 이러한 특징은 초코와 매우 잘 어우러진다. 봉황단총의 쌉쌀함을 초코가 감싸주면서 자칫 너무 달게 느껴질 수 있는 브라우니를 조금 더 깔끔하게 만들어 줄 수 있기 때문이다.

[재료]
1) 버터 130g, 밀크 초콜릿 200g, 다크 초콜릿 220g, 인스턴트커피 4큰술
2) 황설탕 100g, 흑설탕 80g, 달걀 4개
3) 중력분 220g, 베이킹파우더 1큰술
4) 호두 100g, 봉황단총 20g

[만드는 법]
1) 버터와 초콜릿을 중탕으로 녹인 뒤 인스턴트 커피를 넣어 잘 섞어준다.

2) 황설탕을 넣고 섞다가 미리 풀어둔 계란을 넣어 잘 섞는다.

3) 밀가루와 베이킹파우더를 넣고 섞어준다.

4) 잘게 다진 호두와 봉황단총 찻잎을 넣는다.

5) 반죽을 반 스쿱(scoop)씩 패닝(반죽을 밀고 말아서 성형해 팬에 올려놓는 과정)한다.

6) 오븐을 예열한 후 175도에서 13분간 구워준다.

쟈스민 버터 쿠키

향긋한 쟈스민은 부드러운 버터 쿠키와 만나 훨씬 매력적인 디저트가 된다. 이렇게 만들어진 쿠키는 다른 쿠키에 비해 맛이 강하지 않아 어떤 차와도 잘 어울린다.

[재료]

1) 쟈스민 시럽 90g, 우유 5큰술, 실온 버터 90g, 설탕 90g

2) 중력분 또는 박력분 240g

[만드는 법]

1) 쟈스민 시럽과 우유, 버터, 설탕을 넣고 거품기로 고루 저어준다.

2) 밀가루를 넣고 골고루 섞으면서 우유로 반죽의 농도를 조절한다.

3) 원하는 모양의 깍지를 끼운 짤 주머니에 반죽을 넣어 패

쟈스민 버터 쿠키

닝한다.

4) 예열된 175도 오븐에서 13분간 구워준다.

재료 중 쟈스민 시럽은 집에서도 간단하게 만들 수 있다. 시중에 저렴하게 나와 있는 쟈스민 티백을 활용하면 된다. 우선 티백 여러 개를 넣고 진하게 우린 후 쟈스민을 우린 물과 설탕을 1:1의 비율로 맞추어 졸여주면 된다. 이렇게 차 시럽을 만들어 놓으면 다양하게 활용할 수 있으니 자신이 좋아하는 차로 미리 만들어 두면 좋다.

보이차 시나몬 쿠키

무게감 있는 보이차가 시나몬과 만나면 클래식하면서도 고급스러운 느낌의 쿠키가 된다. 이렇게 만든 쿠키는 젊은 연령층에게도 인기가 좋지만 나이가 있는 분들도 매우 좋아하는 디저트다. 집에서 부모님과 함께 만들어 보는 것은 어떨까?

[재료]

1) 버터 320g, 달걀 2개, 황설탕 320g

2) 보이차 시럽 130g (위에서 언급한 방법을 응용하면 된다.)

3) 박력분 또는 중력분 500g, 소금 약간, 베이킹 소다 3작은술, 시나몬 파우더 2큰술

[만드는 법]

1) 버터를 녹여 살짝 식혀준다.

2) 버터에 달걀과 황설탕을 넣고 거품기로 저어준다.

3) 여기에 보이차 시럽을 넣는다.

4) 밀가루와 소금, 베이킹 소다, 시나몬 파우더를 넣고 반죽한다.

5) 반죽에 랩을 씌워 냉장고에서 2시간 정도 넣어둔다.

6) 냉장고에서 반죽을 꺼낸 뒤 동그랗게 만들어 굴려가며 황설탕을 묻혀준다.

7) 만들어진 반죽을 간격을 두고 패닝한다.

8) 190도로 예열된 오븐에서 10분간 굽는다.

기문홍차 마늘 비스코티

기문홍차의 훈연향이 마늘과 만나면 더없이 부드러워진다. 평소 마늘을 좋아한다면 기문홍차를 이용해 비스코티(단단한 쿠키 종류)를 만들어 보자. 단것을 좋아하지 않는 분들에게도 훌륭한 디저트가 될 수 있다.

기문홍차 마늘 비스코티

[재료]

1) 마늘 15톨, 마늘가루 1작은 술

2) 실온 버터 60g, 설탕 2큰술, 계란 1개, 소금 약간

3) 무가당 연유 40g, 파슬리 1작은술, 기문홍차 10g

4) 중력분 또는 박력분 180g, 베이킹파우더 반 작은술

[만드는 법]

1) 마늘을 다져 마늘가루와 섞어준다.

2) 실온 버터와 설탕을 으깨듯 섞다가 계란과 소금을 넣
   어 혼합한다.

3) 연유를 넣어 거품기로 풀다가 마늘과 파슬리, 기문홍
   차를 넣고 저어준다.

4) 밀가루와 베이킹파우더를 넣고 뒤적여준다.

5) 베이킹 도마 위에 반죽을 얹고 1cm 두께로 펴준다.

6) 180도 오븐에서 18분간 구워준다.

7) 구워진 반죽을 꺼내고 빵칼을 이용해 원하는 크기로 자른다.

8) 다시 175도로 가열된 오븐에서 앞뒤로 8분, 총 16분을 구워준다.

중국차의 엽저 활용하기

물 대신 활용하기

이미 다 우러난 엽저를 활용하면 집에서 간편하게 마실 수 있는 향긋한 물을 만들 수 있다. 차를 마신 후 남은 찻잎을 모아두었다 물병에 담가둔 후 냉장고에 보관하면 시원하게 물처럼 마실 수 있다. 하지만 이미 여러 번 우린 찻잎은 영양성분이 거의 다 빠졌기 때문에 영양학적 가치는 없다고 할 수 있다. 하지만 맛과 향이 생수에 그대로 배어들어가 집에서 간편하게 마실 수 있는 물로 적합하다.

족욕 또는 반신욕 하기

엽저를 모아두었다 족욕에 활용해도 좋다. 몸속 노폐물도 제거할 수 있으며 발의 붓기를 빼는 데도 효과적이다. 무엇보다 발의 피로감을 빠르게 덜 수 있으니 장시간 서 있거나 오래 걸어 다닌 날에는 엽저를 활용한 족욕이나 반신욕을 적극 추천한다. 족욕에는 녹차, 백차, 황차, 청차 계열 모두 적합하

나 반신욕의 경우 발효도가
비교적 낮은 녹차나 백차, 황
차가 좋다.

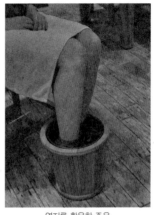
엽저를 활용한 족욕

손 씻기

녹차나 철관음의 엽저를 모
아 다시 우린 후 그 물로 손
을 씻는 것도 권장할 만하다.
그냥 물보다 보습효과가 뛰어
나 손을 촉촉하게 유지할 수
있다. 차는 음료로 마시는 것뿐만 아니라 피부에 직접 닿을 때
도 다양한 효과를 낸다. 엽저를 그대로 손위에 얹고 10~15분
후 떼어내면 피부 진정효과와 보습효과, 그리고 미백효과까지
볼 수 있다.

방향제로 활용하기

엽저를 다양한 용도로 사용한 후, 다시 방향제로 활용하는
것도 가능하다. 본래 차는 주변의 냄새를 빨아들이는 성질이
강하다. 이러한 성질을 이용해 방향제로 사용하면 탁월한 효
과를 볼 수 있다. 집에서 쉽게 볼 수 있는 양파망이나 스타킹에
찻잎을 넣고 잘 말린 후 자동차 안이나 냉장고, 화장실 등에
두면 훌륭한 방향제로 변신한다.

중국차, 간편하게 우려 마시기

중국차를 우려 마실 때 중국의 전통 다구를 사용하면 차의 특성을 훨씬 잘 살릴 수 있어 더 맛있는 차를 마실 수 있다. 하지만 모든 다구를 갖추어 놓고 차를 마시는 것은 여간 힘든 일이 아니다. 이럴 때 조금 더 쉽고 간편한 방법으로 차를 마시면 중국차와 조금 더 가까워 질 수 있지 않을까? 중국차를 마실 때 반드시 중국의 전통 다구를 사용해야 하는 것은 아니다. 집에 있는 다양한 도구를 활용해 중국차를 쉽고 간편하게 마실 수도 있다.

표일배

차를 마시는 인구가 늘어나면서 조금 더 손쉽게 차를 마실 수 있는 도구들이 생겨나기 시작했는데, 그중 대표적인 도구가 바로 '표일배'다. 표일배는 찻잎을 넣고 물을 부은 후 버튼만 누

표일배의 활용

르면 우러난 차가 나오는 도구인데 작고 간편하면서도 기타의 도구가 필요하지 않아 최근 많은 사랑을 받고 있다.

프렌치 프레스

커피를 마실 때 사용하는 프렌치 프레스는 차를 간편하면서도 맛있게 우려 마실 수 있도록 도와주는 도구가 된다. 단, 어린잎으로 만든 차는 프렌치 프레스를 사용할 때 조금 더 살살 눌러주어야 훨씬 맛있는 차를 우릴 수 있다. 그리고 이렇게 우러난 차는 반드시 다른 용기로 옮겨 주는 것이 좋은데, 그래야 계속 차가 우러나 쓰고 떫은맛을 방지할 수 있다.

커피메이커

커피메이커에 찻잎을 넣고 커피를 내리듯 차를 내려 마시면 부드러운 차를 즐길 수 있다. 커피메이커를 사용하면 필터를 통해 차가 한번 걸러지면서 본래의 맛보다 훨씬 부드러운 느낌의 차가 우러나게 되고, 짧은 시간 동안 간편하게 차를 우려 마실 수 있다. 차가 너무 부드럽게 느껴진다면 커피포트로 내린 차를 이용해 다시 우려주면 된다. 이렇게 커피포트를 이용해 두 번 내린 차에서는 좀 더 강한 느낌을 받을 수 있다.

다시백

다시백을 이용하면 티백처럼 차를 활용할 수 있다. 마트에서 쉽게 구할 수 있는 멸치 다시백에 2g 정도의 찻잎을 넣은 후

다시백의 이용

활용하면 두 잔 이상의 차를 향긋하면서도 손쉽게 즐길 수 있다. 단, 중국차는 적은 양의 찻잎으로도 많은 양의 차가 우러나므로 계속 잔에 담가두면 안 된다. 일정 시간이 지난 후 밖에 꺼내 놓았다가 다시 사용해야 가장 맛있는 차를 즐길 수 있다.

차를 즐기다

목을 축이고 향을 느끼며 맛을 음미하다.

중국인에게 차를 마시는 일은 하나의 습관이라고 할 수 있다. 밥을 먹고 잠을 자는 것처럼 중국인의 생활 속에 차는 깊숙이 스며들어있다. 심지어 자신들이 매일 차를 마신다는 사실조차 인식하지 못할 정도로 하루 일과에서 차를 마시는 행위는 당연한 일이 된 것이다.

목을 축이는 첫 번째 잔

중국에는 차를 세 번에 나누어 마시는 풍습이 있다. 이렇게 세 번에 걸쳐 차를 나누어 마시는 것은 차의 맛과 향을 제대로

감상하기 위한 방법이다. 그
중 첫 번째가 바로 목을 축이
는 것이다. 목을 축임으로써
다음의 두 번째, 세 번째 과
정에서 차의 맛과 향을 보다
정확하게 느낄 수 있게 된다.
차를 제대로 감상하기 위한
하나의 준비 과정이라고 볼
수 있다.

향을 느끼는 두 번째 잔

차를 감상함에 있어 향을 느끼는 것은 매우 중요한 과정이
다. 이 과정에서는 차를 입에 머금고 숨을 천천히 내뱉으면서
향을 음미한다. 은은한 차의 향은 집중하고 감상해야 그 진가
를 알 수 있다. 이렇게 차의 향을 천천히 느끼다 보면 차 본연
의 특징을 파악할 수 있으며 어느 하나에 집중을 하게 되어 마
음이 편안해지는 것을 느낄 수 있다. 최근에는 이러한 감상법
을 이용해 차 마시는 과정을 명상에 활용하기도 하는데, 이러
한 명상법은 최근 신비로운 이미지의 동양 문화와 접목되어 외
국인들에게 많은 사랑을 받고 있다.

맛을 음미하는 세 번째 잔

차의 맛은 커피나 술처럼 강렬하게 다가오지는 않는다. 오히

려 은은함으로 그 맛을 표현할 수 있을 것이다. 따라서 그냥 스치듯 감상한다면 누가 언제 어떻게 우리는가에 따라 미묘하게 달라지는 차의 맛을 제대로 알 수가 없다. 차 본연의 맛을 알기 위해서는 차 맛 그 자체에 집중을 해야 한다. 입 전체에 차를 골고루 퍼뜨려 입 안 전체에서 느껴지는 차의 맛을 천천히 음미하다 보면 그 본질을 들여다 볼 수 있다. 동양에서는 이러한 과정을 다선일미(茶禪一味: 다도를 익혀 차를 마시는 것과 마음을 닦는 수행은 같다는 뜻)라는 말로 표현한다.

차는 왜 마시는 걸까?

차에만 존재하는 테아닌(Theanine)

테아닌은 아미노산의 한 종류

흔히 차에도 카페인이 있고 커피에도 카페인이 있는데 왜 차는 많이 마셔도 되는지, 왜 이 둘은 다르다고 하는지를 두고 궁금해 하는 사람들이 많다. 물론 차와 커피에는 모두 카페인이 들어있다. 하지만 차와 커피가 다른 것은 '테아닌'이라는 성분 때문이다. 테아닌이란 성분을 이해하기 위해서는 먼저 아미노산에 대한 이해가 필요하다.

단백질의 질은 필수 아미노산에 의해서 좌우된다. 아미노산은 무려 18종류에 이르는데, 차에는 소량의 아미노산이 함유되어 있다. 하지만 이 소량의 아미노산에는 다량의 테아닌이 함유되어 있다. 즉, 이 둘의 상관관계만 놓고 본다면 아미노산 속에 테아닌이 들어가는 포함관계라고 볼 수 있다. 하나의 아미노산은 다량의 테아닌을 가질 수 있는데, 한 명의 부모가 여러 자식을 둘 수 있는 것이라고 비유해서 생각해도 좋다. 그렇다면 테아닌이 하는 역할은 무엇일까?

감칠맛 나는 테아닌

혀의 감각 세포에서 느낄 수 있는 맛에는 단맛, 쓴맛, 신맛, 짠맛의 네 가지(四味)가 있다고 한다. 그러나 1908년 일본 학계는 보편적으로 알려진 네 가지 맛 이외에 또 다른 맛이 존재한다는 사실을 밝혀냈다. 그리고 그로부터 100년 후인 2008년 도쿄대학에서는 일본어로 '우마미(旨味)'라고 하는 이 맛을 두고 진지한 심포지엄을 열기도 하였다. 이 맛은 무엇일까? 그건 바로 감칠맛이다.

그런데 차에서 이 감칠맛이 난다는 것이다. 차가 감칠맛을 낼 수 있는 것은 바로 테아닌 때문이다. 아미노산의 일종인 테아닌은 원래 느끼한 맛을 내는데, 이 테아닌이 차의 구성성분으로 들어가 있을 때는 감칠맛을 낸다는 것이다. 물론 테아닌 자체만 본다면 느끼한 맛이 강하다. 하지만 차 속에 들어있는 또 다른 성분인 카페인은 쌉싸름한 맛을 내기 때문에 이 두 가지 성분이 합쳐져 감칠맛으로 느껴지는 것이다.

카페인에 대한 길항작용

테아닌은 몸속에서 여러 가지 역할을 하는데 그중 하나가 카페인을 몸 밖으로 배출시키는 일이다. 카페인은 본래 혈액 속으로 침투해 몸속에 빠르게 흡수된다. 하지만 테아닌은 이런 카페인을 막아내는 역할을 한다. 즉 카페인을 대소변이나 호흡, 땀 등을 통해 빠른 시간 내에 몸 밖으로 배출시키는 것이다. 따라서 차에 들어있는 카페인은 몸속에서 거의 작용을 하지 못한다. 하지만 테아닌의 함유량은 차의 재배조건과 제다법, 품종, 채엽시기 등에 따라 차이가 있기 때문에 카페인의 작용이 적은 차와 상대적으로 많은 차가 존재하기도 한다.

심신의 안정과 긴장감 완화

흔히 '차를 마시면 차분해진다', '마음이 평온해진다'는 말을 많이 한다. 이는 차를 우리는 행위에서 오는 심신의 안정도 있겠지만, 차를 음용하였을 때도 그러한 효능이 나타난다는 사실이 과학적인 측면에서 밝혀졌다. 심신의 안정과 긴장감의 완화 또한 테아닌의 역할 중 하나다.

테아닌의 이러한 효능은 알파파 실험을 통해 검증되었는데 알파파란 뇌의 이완 상태를 말하는 것으로 몸과 마음이 조화를 이루는 것을 말한다. 이러한 효과가 차에서 발견되었으며 구체적으로 테아닌의 효능에서 비롯된다는 것이다. 실험 결과 차를 마신 후 30분이 지나면 테아닌이 소장을 통과해 대뇌에 도달하게 되고, 40분 후면 긴장감 완화와 심신 안정, 집중력 향상 등의 효과가 나타난다고 한다. 즉, 차를 마시면 마음이 안정되고 편안한 느낌이 드는 것은 심리적 효과가 아니라 차의 성분 때문에 일어나는 신체 변화 중 하나로 볼 수 있는 것이다.

또 차에는 테아닌 이외에도 다양한 영양소와 유기물질이 함유되어 있다. 이러한 성분들은 항암, 노화방지, 피부미용, 다이어트, 혈압 조절, 스트레스 완화 등 다양한 보건적 기능을 하기도 한다. 하지만 차는 약이 아니다. 쉽고 간편하게 마실 수 있는 음료이며, 이 음료를 통해 다양한 효능들을 부수적으로 얻을 수 있는 것이라고 봐야 한다. 심신의 안정과 건강을 무엇보다 중요하게 생각하는 요즈음, 맛과 건강을 동시에 챙길 수 있는 똑똑한 음료라고 할 수 있다.

차 한 잔 하실래요?

흔히 대화가 필요할 때 우리는 "차 한 잔 하시겠습니까?"라고 말한다. 동양 문화권에 속해있는 사람들에게 차는 단순한 음료 그 이상의 의미를 지닌다고 할 수 있는데 누군가와 대화의 장을 마련하고 싶을 때, 혹은 함께 시간을 공유하고 싶을 때 우리는 늘 차를 먼저 권해왔다. 동양에서는 어떻게 이러한 문화가 형성된 것일까?

대화를 꽃피우는 차
한 종류의 음료를 두고 앉은 자리에서 지속적으로 누군가와 이야기를 하기 위해 어떠한 음료를 생각할 수 있을까? 흔히 술을 떠올리는 경우가 많을 것이다. 하지만 낮 시간에 누군가와 장시간 이야기를 나누며 마시기에 술은 적합하지 않을 수 있다. 특유의 떠들썩한 분위기에 휩쓸려 간혹 자신의 감정을 제어하는 것이 힘들어지는 경우도 있다. 그럼 술을 대체할 수 있는 음료에는 무엇이 있을까? 그건 바로 차다.

차는 한 가지 음료를 앞에 두고 앉은 자리에서 오랫동안 이야기를 나눌 수 있는 멋진 음료가 된다. 또 차를 우려 마시는 시간 동안 갖게 되는 특유의 분위기는 사람과 사람 간의 대화를 차분하고 편안하게 이끌어 줄 수도 있다. 다양한 다구와 차의 종류만으로도 충분한 이야깃거리가 되어 상대방과의 대화를 좀 더 다채롭게 이끌어 갈 수 있도록 도와주기도 한다.

새로운 비즈니스의 장을 열다.

뿐만 아니라 동양 문화권에서는 소중한 사람에게 자신이 직접 우린 차를 대접하는 것이 상대에 대한 마음을 표현하는 수단의 한 가지였다. 반대로 누군가 우려 준 차를 마시는 일은 상대로부터 대접을 받는 것이라 생각하기도 하였다. 이러한 이유 때문에 예로부터 사람들은 중요한 누군가와 이야기를 나눌 때 차를 마시곤 했던 것이다. 차를 마시는 문화는 현대에 들어 다시 새로운 비즈니스로 떠오르고 있으며 각종 스트레스에 시달리는 현대인에게 잠깐의 휴식을 가져다 줄 수 있는 음료로 급부상하고 있다.

다양한 중국차

골라 마시는 재미가 있는 차

보통 차라고 하면 녹차와 홍차, 두 가지를 떠올리곤 한다. 하지만 중국차는 그 종류가 셀 수 없이 많다. 또 제각기 자신만의 맛과 향을 갖고 있으며 다양한 효능을 갖고 있다. 따라서 최근 자신의 취향이나 체질에 맞는 차를 원하는 사람들의 욕구를 충족시키기에 꽤 좋은 조건을 갖고 있다 할 수 있다. 예를 들어 피부미용에 관심이 많은 여성들에게는 봉황단총이나 철관음이 좋고, 스트레스를 많이 받는 직장인들에게는 심신의 안정을 돕는 수선이나 육계가 좋다. 향기나 맛에 따라 자신의 취향에 맞추어 차를 마실 수도 있다. 아침, 점심, 저녁 시간대 별로 적절한 차를 나눌 수도 있다. 다양한 종류의 중국차를 자신에게 맞추어 마시는 것 또한 차를 마시는 즐거움 중 하나일 것이다.

새로운 라이프 스타일의 제안

차는 품종 또는 제다법 등에 따라 각기 다른 성질을 갖는다. 이렇게 다른 성질을 갖고 있는 차를 자신의 상황에 맞게 즐긴다면 건강한 삶을 사는 데 훨씬 도움이 될 것이다. 예를 들어 아침과 점심식사 후에는 잠을 깨워줄 수 있는 녹차 위주의 차를 마시는 것이 좋으며 저녁 시간에는 심신의 안정을 주고 차분하게 하루를 마무리 할 수 있도록 무이암차 등의 암차류 차나 보이숙차를 마시는 것이 좋은 선택일 것이다. 업무 스트레스에 시달리는 직장인에게는 정신을 맑게 해주고 스트레스와 긴장감을 완화시켜 줄 수 있는 백차를 권하며 기분을 전환하고 싶은 순간에는 철관음과 같은 차를 추천한다. 차의 특성에 맞춰 지금 나에게 가장 알맞은 차를 찾아보는 것 또한 차를 즐겁게 마실 수 있는 방법이 될 것이다.

중국차 이야기

| 펴낸날 | 초판 1쇄 2012년 8월 15일 |
| | 초판 3쇄 2018년 8월 21일 |

지은이	조은아
펴낸이	심만수
펴낸곳	(주)살림출판사
출판등록	1989년 11월 1일 제9-210호

주소	경기도 파주시 광인사길 30
전화	031-955-1350 팩스 031-624-1356
홈페이지	http://www.sallimbooks.com
이메일	book@sallimbooks.com

| ISBN | 978-89-522-1937-4 04080 |
| | 978-89-522-0096-9 04080(세트) |

085 책과 세계

강유원(철학자)

책이라는 텍스트는 본래 세계라는 맥락에서 생겨났다. 인류가 남긴 고전의 중요성은 바로 우리가 가 볼 수 없는 세계를 글자라는 매개를 통해서 우리에게 생생하게 전해 주는 것이다. 이 책은 역사라는 시간과 지상이라고 하는 공간 속에 나타났던 텍스트를 통해 고전에 담겨진 사회와 사상을 드러내려 한다.

056 중국의 고구려사 왜곡   eBook

최광식(고려대 한국사학과 교수)

중국의 고구려사 왜곡의 숨은 의도와 논리, 그리고 우리의 대응 방안을 다뤘다. 저자는 동북공정이 국가 차원에서 진행되는 정치적 프로젝트임을 치밀하게 증언한다. 경제적 목적과 영토 확장의 이해관계 등이 복잡하게 얽혀 있는 동북공정의 진정한 배경에 대한 설명, 고구려의 역사적 정체성에 대한 문제, 고구려사 왜곡에 대한 우리의 대처방법 등이 소개된다.

291 프랑스 혁명   eBook

서정복(충남대 사학과 교수)

프랑스 혁명은 시민혁명의 모델이자 근대 시민국가 탄생의 상징이지만, 그 실상을 아는 사람은 많지 않다. 프랑스 혁명이 바스티유 습격 이전에 이미 시작되었으며, 자유와 평등 그리고 공화정의 꽃을 피기 위해 너무 많은 피를 흘렸고, 혁명의 과정에서 해방과 공포가 엇갈리고 있었다는 등의 이야기를 통해 프랑스 혁명의 실상을 소개한다.

139 신용하 교수의 독도 이야기   eBook

신용하(백범학술원 원장)

사학계의 원로이자 독도 관련 연구의 대가인 신용하 교수가 일본의 독도 영토 편입문제를 걱정하며 일반 독자가 읽기 쉽게 쓴 책. 저자는 역사적으로나 국제법상으로 실효적 점유상으로나, 어느 측면에서 보아도 독도는 명백하게 우리 땅이라고 주장하며 여러 가지 역사적인 자료를 제시한다.

144 페르시아 문화

eBook

신규섭(한국외대 연구교수)

인류 최초 문명의 뿌리에서 뻗어 나와 아랍을 넘어 중국, 인도와 파키스탄, 심지어 그리스에까지 흔적을 남긴 페르시아 문화에 대한 개론서. 이 책은 오랫동안 베일에 가려 있던 페르시아 문명을 소개하여 이슬람에 대한 편견과 오해를 바로 잡는다. 이태백이 이란계였다는 사실, 돈황과 서역, 이란의 현대 문화 등이 서술된다.

086 유럽왕실의 탄생

김현수(단국대 역사학과 교수)

인류에게 '예술과 문명' 그리고 '근대와 국가'라는 개념을 선사한 유럽왕실. 유럽왕실의 탄생배경과 그 정체성은 무엇인가? 이 책은 게르만의 한 종족인 프랑크족과 메로빙거 왕조, 프랑스의 카페 왕조, 독일의 작센 왕조, 잉글랜드의 웨섹스 왕조 등 수많은 왕조의 출현과 쇠퇴를 통해 유럽 역사의 변천을 소개한다.

016 이슬람 문화

이희수(한양대 문화인류학과 교수)

이슬람교와 무슬림의 삶, 테러와 팔레스타인 문제 등 이슬람 문화 전반을 다룬 책. 저자는 그들의 멋과 가치관을 흥미롭게 설명하면서 한편으로 오해와 편견에 사로잡혀 있던 시각의 일대 전환을 요구한다. 이슬람교와 기독교의 관계, 무슬림의 삶과 낭만, 이슬람 원리주의와 지하드의 실상, 팔레스타인 분할 과정 등의 내용이 소개된다.

100 여행 이야기

eBook

이진홍(한국외대 강사)

이 책은 여행의 본질 위를 '길거리의 철학자'처럼 편안하게 소요한다. 먼저 여행의 역사를 더듬어 봄으로써 여행이 어떻게 인류 역사의 형성과 같이해 왔는지를 생각하고, 다음으로 여행의 사회학적 · 심리학적 의미를 추적함으로써 여행에 어떤 의미를 부여할 것인가에 대해 말한다. 또한 우리의 내면과 여행의 관계 정의를 시도한다.

293 문화대혁명 중국 현대사의 트라우마

백승욱(중앙대 사회학과 교수)

중국의 문화대혁명은 한두 줄의 정부 공식 입장을 통해 정리될 수 없는 중대한 사건이다. 20세기 중국의 모든 모순은 사실 문화대혁명 시기에 집약되어 있다고 해도 과언이 아니다. 사회주의 시기의 국가 · 당 · 대중의 모순이라는 문제의 복관에서 문화대혁명을 다시 읽을 필요가 있는 지금, 이 책은 문화대혁명에 대한 안내자가 될 것이다.

174 정치의 원형을 찾아서

최자영(부산외국어대학교 HK교수)

인류가 걸어온 모든 정치체제들을 매우 짧은 기간 동안 시험하고 정비한 나라, 그리스. 이 책은 과두정, 민주정, 참주정 등 고대 그리스의 정치사를 추적하고, 정치가들의 파란만장한 일화 등을 소개하고 있다. 특히 이 책의 저자는 아테네인들이 추구했던 정치방법이 오늘 우리 사회가 당면한 문제를 해결할 수 있는 지혜의 발견에 도움을 줄 수 있을 것이라고 말한다.

420 위대한 도서관 건축순례

최정태(부산대학교 명예교수)

이 책은 도서관의 건축을 중심으로 다룬 일종의 기행문이다. 고대 도서관에서부터 21세기에 완공된 최첨단 도서관까지, 필자는 가능한 많은 도서관을 직접 찾아보려고 애썼다. 미처 방문하지 못한 도서관에 대해서는 문헌과 그림 등 가능한 많은 정보를 수집하려 노력했다. 필자의 단상들을 함께 읽는 동안 우리 사회에서 도서관이 차지하는 의미에 대해 다시 생각하게 된다.

421 아름다운 도서관 오디세이

최정태(부산대학교 명예교수)

이 책은 문헌정보학과에서 자료 조직을 공부하고 평생을 도서관에 몸담았던 한 도서관 애찬가의 고백이다. 필자는 퇴임 후 지금까지 도서관을 돌아다니면서 직접 보고 배운 것이 40여 년 동안 강단과 현장에서 보고 얻은 이야기보다 훨씬 많았다고 말한다. '세계 도서관 여행 가이드'라 불러도 손색없을 만큼 풍부하고 다채로운 내용이 이 한 권에 담겼다.

eBook 표시가 되어있는 도서는 전자책으로 구매가 가능합니다.

㈜살림출판사
www.sallimbooks.com
주소 경기도 파주시 문발동 522-1 | 전화 031-955-1350 | 팩스 031-955-1355